Aha! I see

발음부터 회화까지 쉽게 배우는

왕초보 영어

개정판

예스북

이 책을 펴며

'자, 이제부터 시작하자!' 라고 마음을 다잡고 영어 공부를 하고자 하는 분들 중에는 대부분 시작도 못 해보고 각오만 다지는 분들이 있을 것입니다. 왜일까요? 그건 아마 자신의 기초가 부족해서 어디서부터 시작해야 할 지 모르는 그 막막함 때문일 것입니다. 또한 단어, 문법, 회화 중 어느 부분부터 공부를 해야 할 지는 고민하면서도 '발음부터 시작해야지' 라고 생각하는 분들은 거의 없을 겁니다. 이 책은 가장 기본으로 돌아가서 발음부터 시작하고자 하는 분들을 위한 책입니다

1. 발음과 소리의 중요성

언어를 배우는 데에 있어서 우선 순위를 두어야 할 부분은 그 언어의 소리를 익히는 것이지요. 즉 각 글자의 발음 원리를 이해하는 것이 무엇보다 중요합니다. 영어 초보자일수록 영어의 기본인 발음과 그 소리에 충분히 익숙해져야 합니다. 영어의 발음에는 우리 말에 없는 소리들이 있어서 이를 정확하게 발음하기까지 상당한 훈련과 노력이 필요합니다.

아무리 어휘 실력이 풍부하고 문법을 잘 안다 하더라도, 언어의 소리를 정확하게 읽고 듣고 말하는 기초를 제대로 쌓지 않는다면 Listening과 Speaking에서 진가를 발휘하기란 쉬운 일이 아닙니다.

영어를 잘 하는 사람은 그 사람이 말하는 단어 하나의 소리만 듣고도 알 수 있습니다. 발음이 바로 그 사람의 영어 실력을 어느 정도 가늠해주는 하나의 척도가 되는 셈이지요. 사실 우리가 아무리 노력을 한다 해도 원어민의 발음을 완벽하게 그대로 따라 하는 일은 거의 불가능합니다. 이는 우리의 구강 구조와 성대의 위치가 그들과 다르기 때문이에요. 그리고 또 우리에게 있는 우리 말의 억양과 강세도 극복해야 하는 각고의 노력도 필요할 것이고요. 하지만 원어민의 발음을 많이 듣고 훈련하면 그들의 발음과 억양을 거의 흡사하게 따라 할 수 있습니다. 어린이가 아닌 성인이 되어 모국어가 아닌 다른 언어를 학습하는 부담이 만만치는 않겠지만, 원어민과 의사소통이 가능할 정도로의 노력은 비록 쉽지는 않아도 누구나 할 수 있는 도전이라 믿습니다.

2. 회화와 문장으로 익히는 발음

이 책에서는 발음을 하는 구강원리와 소리를 내는 원리를 설명하고, 나아가 이를 다양한 회화와 문장으로 확인하도록 하였는데요. 그 이유는 각 Unit의 회화마다 그 상황이 다양하기 때문에 회화를 통한 발음 학습의 흥미를 높여줄 수 있다고 보기 때문입니다. 정확한 발음을 익히면서 동시에 상황에 따른 대화를 접하는 훈련을 가미할 경우 일석이조의 학습 효과를 가져올 수 있습니다.

또한 회화를 통한 발음 연습의 연장선 상으로 문장 속에서 발음을 반복 학습하도록 구성하였습니다. 문장의 구조를 파악할 수 있는 기초 문법을 제시하여, 문법책이 줄 수 있는 딱딱함과 학습부담을 줄일 수 있도록 구성한 것이지요. 모든 문장에서 발음 샘플 단어를 훈련시키고, 각 문장의 기본 문법적인 구조 및 기초 문법 사항들을 소개하되, 일상 회화에 유용한 표현들을 구사할 수 있도록 구성하였습니다.

3. 귀의 한계점을 눈으로

영어를 처음 시작하는 어린이에게 영어 발음을 한글로 쓰게 하지는 않습니다. 그 이유는 그렇게 하지 않아도 어린이는 자신의 귀로 들은 내용을 그대로 스폰지처럼 빨아 들여 이를 모방 학습할 수 있는 언어 습득 장치(LAD- Language Acquisition Device)라는 것이 뇌에 있기 때문이지요. 하지만 어른은 성인이 되어 가면서 뇌에 있는 이러한 장치가 굳어지게 되어 언어 습득 능력이 현저히 떨어지게 됩니다.

이 책에서는 영어 발음으로 시작해서 회화와 문장의 기초를 다지는 것을 목표로 삼고 있습니다. 원어민의 발음과 문장을 귀로 여러 번 듣고 따라 하는 것이 가장 이상적인 학습 방법이라 생각하지만, 반복해서 들어도 정확하게 들리지 않는 애매한 발음이 있을 것입니다. 이럴 경우 이러한 발음을 한글로 눈에 익히고 귀로 듣게 되면 발음이 분명하게 들릴 것입니다. 하지만 한글 독음이 눈에 거슬려서 학습에 방해가 되는 분들도 계실 겁니다. 그런 분들은 셀룰로이드판을 필요에 따라 적절히 사용하여 효과적인 학습자료로 이용하시기 바랍니다.

4. 샘플 단어의 발음 반복

각 Unit에 나오는 샘플 단어는 특정 발음을 대표할 수 있는 비교적 쉬운 단어들을 선택하였습니다. 이 단어는 두 명의 원어민이 반복해서 두 번 들려 줄 것이며, 샘플 단어를 포함하고 있는 회화 및 문장을 통해서 발음을 반복해서 들을 수 있습니다.

이 책에서는 모두 55가지의 기본 발음을 정리하였습니다. 모음 편에서 28개, 자음 편에서 27개의 기본 정석 발음을 훈련하시게 되면, 향후 다양한 연음 규칙과 불규칙한 발음들을 학습하는 데에 커다란 도움이 될 것입니다.

5. 영어의 발음 기호

이 책의 55과에서 다루고 있는 발음 기호는 대략 다음과 같습니다.

단모음과 장모음

철자	발음	소리
a	[æ]	애
a	[ɔː]	오
a	[ɑː]	아
a	[ə]	어
e	[e]	에
e	[i]	이
ea	[e]	에
ee	[iː]	이–
ea	[iː]	이–
i	[i]/[iː]	이/이–
o	[ɑ]	아
o	[u]/[ʌ]	우–/어
oo	[u]/[uː]	우/우–
u	[ju]/[ʌ]	유/어

이중모음

철자	발음	소리
a	[ei]	에이
ai	[ei]	에이
ay	[ei]	에이
ea	[iə]	이어
i	[ai]	아이
o	[ou]	오우
oa	[ou]	오우
ie	[ai]	아이
ou	[oi]	오이
ow	[ou]	오우
oi	[oi]	오이
oy	[oi]	오이

자음

영어의 모음은 모두 성대가 울리는 유성음이고, 자음은 성대가 울리는 유성자음과 성대가 울리지 않는 무성자음으로 나뉘어져요. 유성음은 폐에서 공기가 성문을 통과할 때 성대를 진동시켜서 만들어지는 소리인데요. 성대의 진동 유무는 손을 목에 대어 보면 진동 여부를 확인할 수 있습니다.

유성자음

철자	발음	소리	철자	발음	소리
b	[b]	브	ng	[ŋ]	응
d	[d]	드	j	[ʒ]	지
g	[g]	그	r	[r]	우(러)
g	[dʒ]	쥐	h	[h]	흐
v	[v]	브	th	[ð]	드
l	[l]	르	w	[w]	우워
m	[m]	므	y	[i]	이
n	[n]	느	z	[z]	즈

무성자음

철자	발음	소리	철자	발음	소리
f	[f]	프	t	[t]	트
k	[k]	크	sh	[ʃ]	쉬
p	[p]	프	ch	[tʃ]	취
s	[s]	스/쓰	th	[θ]	쓰/뜨

이 책의 구성

Unit 제목

각 Unit에서 공부할 내용을 소개하는 철자 및 발음 제목과 영어 회화의 제목이다. a는 알파벳을 말하고, [æ]는 a의 발음이다. 발음과 더불어 익히는 영어 회화의 제목이다.

발음연습

발음의 원리와 방식 즉 발음을 하는 요령과 그 발음의 우리말 소리를 설명한다. 눈으로 읽는 것으로 그치지 않고 꼭 거울을 보면서 그대로 따라서 연습해 본다.

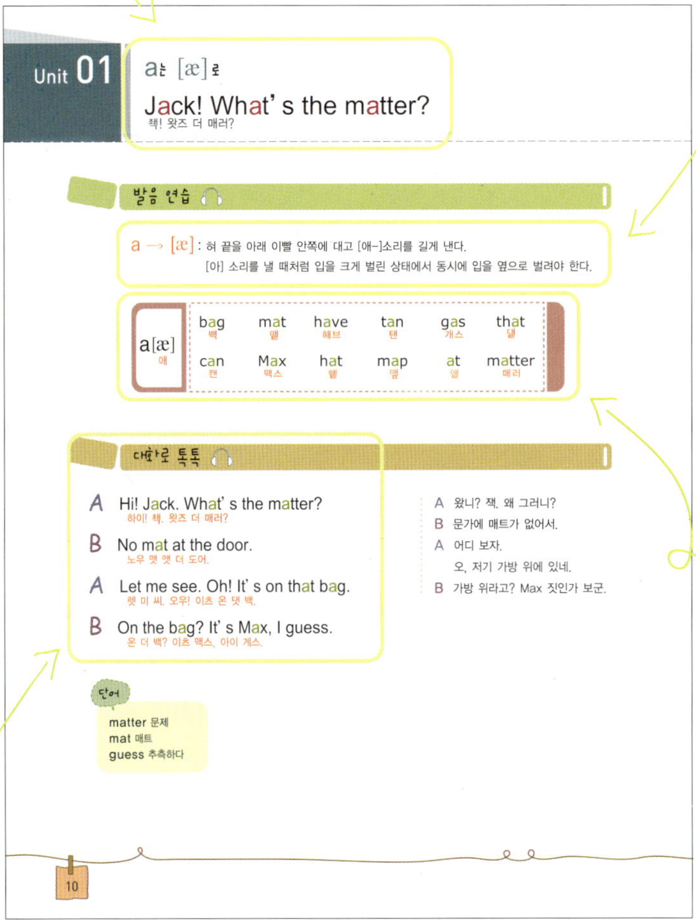

Unit 01

a는 [æ]로

Jack! What's the matter?
책! 왓즈 더 매러?

발음 연습

a → [æ] : 혀 끝을 아래 이빨 안쪽에 대고 [애-]소리를 길게 낸다.
[아] 소리를 낼 때처럼 입을 크게 벌린 상태에서 동시에 입을 옆으로 벌려야 한다.

a[æ] 애	bag 백	mat 맷	have 해브	tan 탠	gas 개스	that 댓
	can 캔	Max 맥스	hat 햇	map 맵	at 앳	matter 매러

대화로 톡톡

A Hi! Jack. What's the matter?
하이! 책. 왓즈 더 매러?

B No mat at the door.
노우 맷 앳 더 도어.

A Let me see. Oh! It's on that bag.
렛 미 씨. 오우! 이츠 온 댓 백.

B On the bag? It's Max, I guess.
온 더 백? 이츠 맥스, 아이 게스.

A 왔니? 잭. 왜 그러니?
B 문가에 매트가 없어서.
A 어디 보자.
오, 저기 가방 위에 있네.
B 가방 위라고? Max 짓인가 보군.

단어

matter 문제
mat 매트
guess 추측하다

10

대화로 톡톡 !!

샘플 단어의 발음을 제시하는 단어로 그치지 않고 이를 간단한 회화로 활용한다. 기본 발음을 익히면서 동시에 상황에 따른 회화를 익히는 효과를 거둘 수 있다. 실생활에서 쓰는 회화이므로 쉬운 구어적인 표현을 사용하고자 하였고, 기억해 두면 유용한 짧은 문장들을 만들고자 하였다.

발음 대표 단어

주어진 발음을 대표할 수 있는 샘플 단어들이다. 가능한 한 단음절의 쉬운 단어를 선택하여 발음을 익힐 수 있도록 선별하였다. 두 번씩 녹음된 원어민의 발음을 듣고 그대로 따라 해 본다. 단어 밑의 우리말 표기는 원어민의 녹음 내용과 다소 다를 수 있는 우리 말의 한계점을 감안해야 한다.

단어 및 문법 설명

회화에서 나오는 단어의 설명과 문장의 기본적인 구조를 설명한 부분이다. 샘플 단어 수준의 비교적 용이한 단어들을 간단명료하고 이해하기 쉽도록 설명하였다. 발음을 학습하되, 학습의 흥미를 북돋기 위하여 다양한 상황을 제시하고자 하였다. 문장의 문법적인 부분에 대해서는 문장의 기본 구조를 간단하게 풀이하고, 가급적 문법에서 가장 기초가 되는 부분을 가볍게 터치하는 수준으로 설명하고자 하였다.

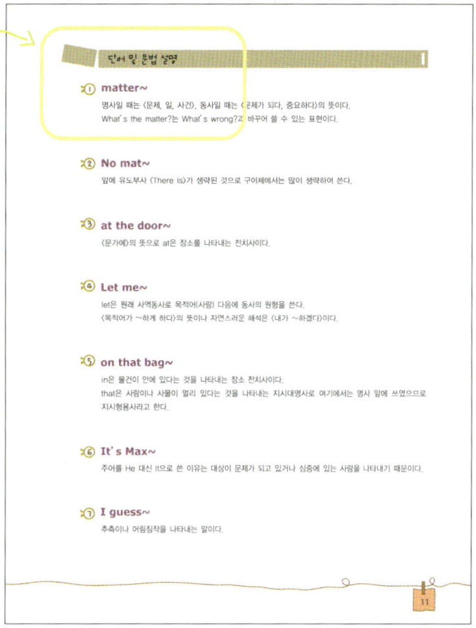

단어 및 문법 설명

① matter~

명사일 때는 〈문제, 일, 사건〉, 동사일 때는 〈문제가 되다, 중요하다〉의 뜻이다.
What's the matter?는 What's wrong?과 바꾸어 쓸 수 있는 표현이다.

② No mat~

앞에 유도부사 〈There is〉가 생략된 것으로 구어체에서는 많이 생략하여 쓴다.

③ at the door~

〈문가에〉의 뜻으로 at은 장소를 나타내는 전치사이다.

④ Let me~

let은 원래 사역동사로 목적어(사람) 다음에 동사의 원형을 쓴다.
〈목적어가 ~하게 하다〉의 뜻이나 자연스러운 해석은 〈내가 ~하겠다〉이다.

⑤ on that bag~

in은 물건이 안에 있다는 것을 나타내는 장소 전치사이다.
that은 사람이나 사물이 멀리 있다는 것을 나타내는 지시대명사로 여기에서는 명사 앞에 쓰였으므로 지시형용사라고 한다.

⑥ It's Max~

주어를 He 대신 It으로 쓴 이유는 대상이 문제가 되고 있거나 심중에 있는 사람을 나타내기 때문이다.

⑦ I guess~

추측이나 어림짐작을 나타내는 말이다.

11

문장으로 클릭클릭

너 보기 좋게 썬탠했구나.	**You got a good tan.** 유 가러 굳 탠 · get a tan : 햇볕에 보기 좋게 태우다. · tan은 명사로 〈햇볕에 그을음〉의 뜻이다.
가스가 끊어졌어요.	**The gas is off.** 더 개스 이즈 어f. · off는 부사로 〈~이 끊어져, 떨어져, 작동하지 않아〉의 뜻이다.
모자가 멋지네요.	**I like your hat.** 아이 라이 큐어r 햇 · I like~는 〈~이 맘에 든다〉의 뜻이다.
지도를 어디에서 사죠?	**Where can I get a map?** 웨어r 캔 아이 겟 러 맵? · get은 buy와 같은 뜻으로 〈사다〉의 뜻이다.
저 남자 누구예요?	**Who is that man?** 후 이즈 댓 맨? · who는 사람에 관해 물어 보는 의문대명사로 〈누구, 어떤 사람(들)〉의 뜻이다.
즐거운 하루 되세요.	**Have a good day.** 해버 굳 데이. · 〈Have a good day.〉는 헤어질 때 하는 인사말이다.
그거 내 가방인데요.	**That's my bag.** 잇 대즈 매러r. · that is는 〈that's〉로 축약이 가능하나, this is는 〈this's〉로 축약할 수 없다.

12

문장으로 클릭 클릭!!

발음 샘플 단어들을 문장에서 확인하도록 구성하였다. 기본 발음을 학습하며 문장의 기본 구조와 영어 문법의 기초를 익힐 수 있다. 문장 속에 새로 나오는 단어들에 대한 해석 및 동사의 변화에 대한 설명도 부연하였다. 원어민의 녹음을 여러 번 들어 문장을 통째로 기억하는 방법도 실력 향상에 도움이 될 것이다.

작문으로 쓱싹!

영어에서 가장 어렵다고들 생각하는 작문을 다룬 부분으로, 각 Unit에서 언급하고 있는 내용에 한해서 짧은 문장들을 연습하도록 구성하였다. 단어나 숙어적인 표현들, 일상에서 쓰는 관용적인 표현들, 문법적인 구조를 언급한 부분에 대한 보충 표현들을 간추려 문장의 일부를 채워 넣어 문장을 완성하게 하는 부분이다. 작문에 대한 부담을 줄이고, 자신감을 갖게 하고자 되도록 간단하고 쉬운 문장들을 익히도록 하였다.

퀴즈! 퀴즈!

각 Unit에서 다루고 있는 발음을 마무리하는 부분이다. 알파벳 글자와 발음의 관계를 최종 확인하는 부분으로 문장으로 점검하게 하였다. 영어 실력의 향상을 위하여 문장을 통째로 기억하는 습관을 들이는 기회를 삼을 수 있기를 바라는 마음으로 이 부분 역시 문장으로 확인하도록 하였다.

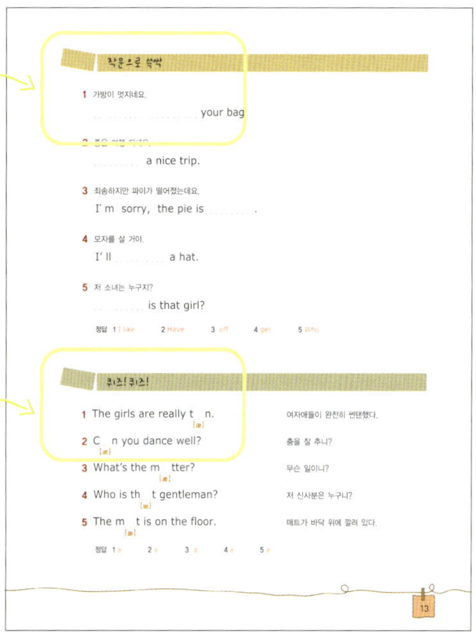

작문으로 쓱싹

1 가방이 멋지네요.
.... your bag

2 좋은 여행 되세요.
.... a nice trip.

3 죄송하지만 파이가 떨어졌는데요.
I'm sorry, the pie is ....

4 모자를 살 거야.
I'll .... a hat.

5 저 소녀는 누구지?
.... is that girl?

정답 1 I like 2 Have 3 off 4 get 5 Who

퀴즈! 퀴즈!

1 The girls are really t _ n. [æ] — 여자애들이 완전히 썬탠했다.

2 C _ n you dance well? [æ] — 춤을 잘 추니?

3 What's the m _ tter? [æ] — 무슨 일이니?

4 Who is th _ t gentleman? [æ] — 저 신사분은 누구니?

5 The m _ t is on the floor. [æ] — 매트가 바닥 위에 깔려 있다.

정답 1 a 2 a 3 a 4 a 5 a

13

이 책의 순서

A 단모음과 장모음 Short vowels & Long vowels

B 이중모음 Diphthongs

C 자음 Consonants

영어 발음 기호표

모음

철자	a	e	i	o	u	a	o	a	e
반음	[a]	[e]	[i]	[o]	[u]	[æ]	[ʌ]	[ə]	[ɛ]
소리	아	에	이	오	우	애	어	어	에
기호	ㅏ	ㅔ	ㅣ	ㅗ	ㅜ	ㅐ	ㅓ	ㅓ	ㅔ

유성자음

철자	b	d	g	l	m	n	h	r	v
발음	[b]	[d]	[g]	[l]	[m]	[n]	[h]	[r]	[v]
소리	브	드	그	르	므	느	흐	르	브
기호	ㅂ	ㄷ	ㄱ	ㄹ	ㅁ	ㄴ	ㅎ	ㄹ	ㅂ

철자	g	th	ng	s	y	z
발음	[dʒ]	[ð]	[ŋ]	[ʒ]	[i]	[z]
소리	쥐	드	응	지	이	즈
기호	주	ㄷ	ㅇ	ㅈ	ㅣ	ㅈ

무성자음

철자	f	k	p	c	t	sh	ch	th	s
발음	[f]	[k]	[p]	[k]	[t]	[ʃ]	[tʃ]	[θ]	[s]
소리	프	크	프	크	트	쉬	취	쓰/뜨	스/쓰
기호	ㅍ	ㅋ	ㅍ	ㅋ	ㅌ	수	추	쓰	ㅅ

Part A

단모음과 장모음

FIRST STEP ENGLISH

Short vowels Long vowels

Unit 01

a는 [æ]로

Jack! What' s the matter?

잭! 왓츠 더 매러?

발음 연습

a → [æ] : 혀 끝을 아랫니 안쪽에 대고 [애–]소리를 길게 낸다.
[아] 소리를 낼 때처럼 입을 크게 벌린 상태에서 동시에 입을 옆으로 벌려야 한다.

a[æ] 애						
	bag 백	mat 맽	have 해브	tan 탠	gas 개스	that 댙
	can 캔	Max 맥스	hat 햍	map 맾	at 앹	matter 매러

대화로 톡톡

A Hi! Jack. What' s the matter?
하이! 잭. 왓츠 더 매러?

B No mat at the door.
노우 맷 앳 더 도어.

A Let me see. Oh! It' s on that bag.
렛 미 씨. 오우! 이츠 온 댓 백.

B On the bag? It' s Max, I guess.
온 더 백? 이츠 맥스, 아이 게스.

A 왔니? 잭. 왜 그러니?
B 문가에 매트가 없어서.
A 어디 보자.
오, 저기 가방 위에 있네.
B 가방 위라고? Max 짓인가 보군.

단어
matter 문제
mat 매트
guess 추측하다

단어 및 문법 설명

① matter

명사일 때는 〈문제, 일, 사건〉, 동사일 때는 〈문제가 되다, 중요하다〉의 뜻이다.
What's the matter?는 What's wrong?과 바꾸어 쓸 수 있는 표현이다.

② No mat

앞에 유도부사 〈There is〉가 생략된 것으로 구어체에서는 많이 생략하여 쓴다.

③ at the door

〈문가에〉의 뜻으로 at은 장소를 나타내는 전치사이다.

④ Let me

let은 원래 사역동사로 목적어(사람) 다음에 동사의 원형을 쓴다.
〈목적어가 ~하게 하다〉의 뜻이나 자연스러운 해석은 〈내가 ~하겠다〉이다.

⑤ on that bag

on은 물건이 위에 있다는 것을 나타내는 장소 전치사이다.
that은 사람이나 사물이 멀리 있다는 것을 나타내는 지시대명사로 여기에서는 명사 앞에 쓰였으므로 지시형용사라고 한다.

⑥ It's Max

주어를 He 대신 It으로 쓴 이유는 대상이 문제가 되고 있거나 심중에 있는 사람을 나타내기 때문이다.

⑦ I guess

추측이나 어림짐작을 나타내는 말이다.

문장으로 클릭클릭

너 보기 좋게 썬탠했구나.

You got a good tan.
유 가러 굳 탠

• get a tan : 햇볕에 보기 좋게 태우다.
• tan은 명사로 〈햇볕에 그을음〉의 뜻이다.

가스가 끊어졌어요.

The gas is off.
더 개스 이즈 어f.

• off는 부사로 〈~이 끊어져, 떨어져, 작동하지 않아〉의 뜻이다.

모자가 멋지네요.

I like your hat.
아이 라이 큐어r 햇.

• I like~는 〈~이 맘에 든다〉의 뜻이다.

지도를 어디에서 사죠?

Where can I get a map?
웨어r 캔 아이 겟 러 맵?

• get은 buy와 같은 뜻으로 〈사다〉의 뜻이다.

저 남자 누구예요?

Who is that man?
후 이즈 댓 맨?

• who는 사람에 관해 물어 보는 의문대명사로 〈누구, 어떤 사람(들)〉의 뜻이다.

즐거운 하루 되세요.

Have a good day.
해버 굳 데이.

• 〈Have a good day.〉는 헤어질 때 하는 인사말이다.

그거 내 가방인데요.

That's my bag.
댓츠 마이 백.

• that is는 〈that's〉로 축약이 가능하나, this is는 〈this's〉로 축약할 수 없다.

작문으로 쓱싹

1 가방이 멋지네요.

.... your bag.

2 좋은 여행 되세요.

.... a nice trip.

3 죄송하지만 파이가 떨어졌는데요.

I'm sorry, the pie is ....

4 모자를 살 거야.

I'll .... a hat.

5 저 소녀는 누구지?

.... is that girl?

정답 1 I like 2 Have 3 off 4 get 5 Who

퀴즈! 퀴즈!

1 The girls are really t....n. [æ] 여자애들이 완전히 썬탠했다.

2 C....n you dance well? [æ] 춤을 잘 추니?

3 What's the m....tter? [æ] 무슨 일이니?

4 Who is th....t gentleman? [æ] 저 신사분은 누구니?

5 The m....t is on the floor. [æ] 매트가 바닥 위에 깔려 있다.

정답 1 a 2 a 3 a 4 a 5 a

Unit 02

a는 [ɔː]로

Walt! How tall are you?

월트! 하우 톨 아r 유?

발음 연습

a → [ɔː] : 입술을 동그랗게 만들어 힘을 조금 준 다음 [오]와 [아]의 중간 정도의 소리를 내는데, 이 때 혀는 가볍게 조금 들린다는 느낌으로 발음한다.

a[ɔː] 오					
all 올	always 올웨이즈	already 올뤠디	talk 톡	tall 톨	salt 쏠트
call 콜	almost 올모스트	ball 볼	walk 웍	wall 월	fall f올

대화로 톡톡

A Walt! How tall are you?
월트! 하우 톨 아r 유?

B I'm almost 180cm tall. Why?
아임 올모우스트 원 헌쥬레드 쎈니미러즈 톨. 와이?

A Wow! You're still growing, aren't you?
와우! 유아r 스띨 그로우잉, 안츄?

B Am I? Maybe I play basketball all the time.
엠 아이? 메이비 아이 플레이 배스킷볼 올 더 타임.

A 월트, 너 키가 얼마나 되니?
B 거의 180cm인데. 왜?
A 와! 아직도 키가 자라나보지?
B 그런가?
늘 농구해서 그런지도 몰라.

단어

tall 키가 큰
still 아직도, 여전히
maybe 아마도

단어 및 문법 설명

① How tall

tall은 〈키가 큰〉이라는 형용사로 의문사 how와 같이 쓰이게 되면 이를 하나의 의문사로 간주한다. How far is it?(거리를 물을 때), How old are you?(나이를 물을 때), How long is it?(길이를 물을 때), How big is it?(크기를 물을 때)

② almost

거의, 대략

③ still

부사로 〈아직도, 여전히〉의 뜻으로 be동사 뒤에 위치한다.

④ aren't you?

부가의문문으로 앞 평서문의 시제와 인칭을 따른다.
평서문이 긍정(are growing)이므로 부가의문문은 부정이 되며 주어와 동사가 도치된다.

⑤ play basketball

〈농구를 하다〉의 뜻으로 play 다음에 악기 이름이 오면 정관사 the를 써야 하지만, 스포츠 경기이름이 나오면 무관사임에 주의한다.
play the violin 〈바이올린을 켜다〉, play soccer〈축구를 하다〉

⑥ all the time

always(항상, 늘)와 같은 뜻으로 all the time은 문미에 위치한다.

문장으로 클릭클릭

괜찮아요.

That's all right.
댓츠 올 롸잇.

• 〈I'm sorry.〉에 대한 응답으로 적절한 표현이다.

그 영화에 대해 얘기해보자.

Let's talk about the movie.
렛츠 토커바웉 더 무비.

• 〈Let's ~〉는 〈Let us〉의 줄임 말로 〈~하자〉의 뜻이며, 상대에게 권유나 제안할 때 쓰는 표현이다.

소금 좀 건네 주시겠어요.

Will you pass me the salt, please?
윌 유 패쓰 미 더 쏠트, 플리이즈?

• 〈Will you~, please?〉는 상대에게 무엇을 부탁할 때 쓰는 공손한 표현으로, will의 과거 would로 시작하면 더욱 공손한 표현이 된다.

나중에 다시 걸게요.

I'll call you back later.
아일 콜 유 백 레이러r.

• call은 〈~에게 전화를 걸다〉

잠깐 걸을까요?

Shall we walk for a minute?
쉘 위 웤 포러 미닡?

• 〈Shall we ~?〉는 〈~할까요?〉의 뜻으로 상대에게 권유나 제안할 때 쓰는 표현이며 〈Let's ~〉와 바꾸어 쓸 수 있다.

벽에다 붙여라.

Put it on the wall.
푸릿 온 더 월.

• on은 물건이 대상에 접촉하는 면의 위를 나타내는 장소 전치사이다.

이제 가을이야.

It's fall now.
이츠 f올 나우.

• fall은 autumn과 같은 뜻이다. It은 비인칭주어라고 하는데 시각, 날씨, 요일, 계절, 년도, 명암, 거리 등을 나타내며 It자체는 해석하지 않는다. fall이 동사일 경우 〈떨어지다, 넘어지다〉

작문으로 쏙쏙

1 7시에 전화해라.

.... me at 7.

2 여기에서 공항까지 거리가 얼마나 되나요?

.... is it from here to the airport?

3 오늘 날씨가 매우 덥구나.

.... is very hot today.

4 공원에 갈까?

.... we go to the park?

5 여기에서 나를 기다려 주겠니?

.... you wait here for me?

정답 1 Call 2 How far 3 It 4 Shall 5 Will

퀴즈! 퀴즈!

1 It's ...lready 5 o'clock. [ɔː] 벌써 5시야.

2 Leaves f...ll in autumn. [ɔː] 가을에 낙엽이 떨어진다.

3 Will you c...ll me later? [ɔː] 나중에 전화하겠니?

4 Let's w...lk for a minute. [ɔː] 잠깐 걷자.

5 He's ...lways late. [ɔː] 그는 지각대장이야.

정답 1 a 2 a 3 a 4 a 5 a

Unit 03 a는 [aː]로

Arnold! Was your father a farmer?

아놀드! 워즈 유어 f아너 러 f아머r?

발음 연습

a → [aː] : 입을 크게 벌리고 우리말의 [아]와 비슷하나 목청이 떨리는 듯한 소리를 내야 한다. 우리말 [아] 보다 더 뒤쪽에서 나는 소리이므로 혀 역시 뒤쪽 아래로 잡아 당기는 것처럼 발음해야 한다.

a[aː] 아-					
army 아미	father f아더	farmer f아머	park 파아크	cart 카아트	dark 다아크
large 라아쥐	shark 샤아크	bark 바아크	sharp 샤아압	start 스따아트	mart 마아트

대화로 톡톡

A Arnold! Was your father a farmer?
아놀드! 워즈 유어 f아더 러 f아머r?

B No, he was in the army for 20 years.
노우, 히 워즈 인 디 아r미 포 트웨니 이이어r즈.

A Then, who took care of this large farm?
덴 후 툭 케어 러브 디스 라아쥐 f암?

B Actually, my mother was a farmer.
액츄얼리, 마이 마더r 워저 f아머r?

A 아놀드. 너희 아버지 농부셨니?
B 아니, 우리 아버지는 20년 동안 군 복무하셨어.
A 그럼 이렇게 큰 농장을 누가 관리 했대?
B 실은 우리 어머니가 농부셨어.

단어

farmer 농부
army 군대
farm 농장

단어 및 문법 설명

① was

was는 be동사(am, is are)의 과거로 단수이며 복수는 were이다.

② be in the army

〈군 복무하다〉의 뜻으로 army은 육군, navy은 해군, air force는 공군을 뜻한다.
join the army(입대하다), leave the army(제대하다)

③ for~

시간을 나타내는 전치사로 〈~동안〉의 뜻이다.

④ took care of~

〈take care of〉는 〈사람이나 사물을 돌보다, 뒷바라지하다, 책임지고 떠맡다, 처리하다, 제거하다〉 등 많은 뜻이 있다. 〈Take care (of yourself).〉는 〈잘 있어, 몸 조심해〉의 뜻으로 헤어질 때 하는 인사말이다.

⑤ Actually

〈실은〉의 뜻으로 상대방의 말을 정정하거나 주의를 끌고자 할 때 쓰는 표현이다.

문장으로 클릭클릭

그는 농장에서 일하고 있어.

He is working / on the farm.

히 이즈 워r킹 온 더 f암.

• on the farm은 〈농장에서〉의 뜻이며, 문장의 동사는 〈is working〉으로 현재진행형이다.

그는 작년에 입대했어.

He joined the army / last year.

히 죠인 디 아r미 라아스 티이어r.

• 〈last year〉가 〈작년〉의 뜻으로 과거 시제를 나타내므로 동사도 과거시제를 써야 한다.

여기는 매우 어둡다.

It's very dark here.

잇츠 베리 다아r 키어r.

• It은 명암을 나타내는 비인칭주어이다.

개가 공원에서 우리를 보고 짖고 있다.

A dog is barking at us / in the park.

어 도그 이즈 바아r킹 애러스 인 더 파아r크.

• 〈bark at ~〉은 〈개가 ~을 보고 짖다〉

상어의 이는 날카롭다.

Sharks have sharp teeth.

샤약스 해브 샤아r프 티이쓰.

• teeth는 tooth의 복수형이며, 형용사 sharp은 〈끝이 예리한, 날카로운〉, 〈머리가 영리한〉의 뜻이다.

차가 시동이 걸리지 않아.

My car won't start.

마이 카r 우온 스따아r트.

• 조동사 will의 부정형은 〈won't〉로 이 문장에서의 뜻은 주어의 고집을 나타내어 〈도무지 ~하려 하지 않다〉의 의미이다.

그녀는 내 테니스 상대야.

She is my tennis partner.

쉬 이즈 마이 테니스 파아r트너r.

• partner : 일과 행동을 함께 하는 사람

우리는 마트에서 카트를 끈다.

We carry a cart / in the mart.

위 캐릐 이 키이r트 인 더 미이r트.

• 내용이 일반적인 사실을 나타낼 때에는 현재시제를 쓴다.

작문으로 쓱싹

1 몸 조심해라.

.... of yourself.

2 상어는 위험한가요?

Are .... dangerous?

3 아기가 카트에서 잠자고 있다.

A baby is sleeping .... the cart.

4 차 문이 도무지 열리지를 않는군.

The car door .... open.

5 그는 올 봄에 제대할 거야.

He will .... the army this spring.

정답 1 Take care 2 sharks 3 in 4 won't 5 leave

퀴즈! 퀴즈!

1 St...rt the car. [a:] 시동을 걸어라.

2 She has d...rk hair. [a:] 그녀는 머리가 까맣다.

3 The f...rmer is my partner. [a:] 그 농부가 나의 파트너야.

4 You can get everything in this m...rt. [a:] 이 마트에서 구할 수 없는 게 없지.

5 He wasn't in the ...rmy. [a:] 그는 군 복무를 하지 않았어.

정답 1 a 2 a 3 a 4 a 5 a

Unit 04

a는 [ə]로

Amanda! How about traveling in Asia?

어맨더! 하우어 바웃 츄래블링 인 에이셔?

발음 연습

a → [ə] : 입술을 상하로 조금 벌린 형태를 유지하면서 우리말 [어] 소리를 아주 짧게 내는데, 강세를 받지 않는 모음은 모두 [ə]로 약하게 발음이 되어 거의 들리지 않거나 아예 들리지 않는 경우도 있다.

a[ə] 어					
about 어바웉	ago 어고우	alive 어라이브	away 어웨이	America 어메뤼카	Asia 에이셔
agree 어그뤼	company 캄퍼니	salary 샐러뤼	afraid 어f뤠이드	abroad 어브로오드	alone 얼로운

대화로 톡톡

A Amanda! Where are you going to travel?
어맨더! 웨어r 아r 유 고우잉 투 츄래블?

B I'm still thinking. I want to travel abroad.
아임 스띨 띵킹. 아이 원 투 츄래블 어브로오드.

A How about traveling in Asia?
하우어 바웉 츄래블링 인 에이셔?

B That sounds good.
댙 싸운즈 굳.

A 어맨더. 어디로 여행갈 거니?
B 아직 생각 중이야. 해외로 가고 싶은데.
A 아시아로 가는 게 어때?
B 그거 좋겠구나.

단어

travel 여행하다
abroad 해외로
sound ~하게 들리다

단어 및 문법 설명

① Where are you going to travel?

〈be going to〉는 〈~할 예정이다〉의 뜻으로 가까운 미래를 표현할 때 쓴다. 이 때 to는 부정사 to이므로 다음에 반드시 동사의 원형을 써야 한다.

② want to travel

want는 다음 목적어 자리에 travel처럼 동사가 오면 반드시 부정사 to를 써야 한다. 즉 want 다음에는 동명사 traveling을 쓸 수 없다.

③ How about~?

〈What about~?〉과 바꾸어 쓸 수 있는 표현으로 〈~하는 게 어때?〉의 뜻이며, 상대에게 제안하거나 권유할 때 쓰는 표현이다. 이 때 about은 전치사이므로 동사의 형태는 반드시 동명사임을 기억해야 한다.

④ That sounds good

상대의 제안에 동의할 때 쓰는 표현으로 〈That's a good idea.〉와 바꾸어 쓸 수 있다. 이 문장은 2형식 문장으로 〈주어+동사+형용사〉의 구조인데, 동사 sound는 〈~하게 들린다〉의 뜻으로 다음 보어 자리에 형용사를 써야 한다. 흔히 이를 한국어의 해석과 혼동하여 부사로 쓰는 경우가 있다.

문장으로 클릭클릭

유감스럽지만 그럴 수 없어요.

I'm afraid, I can't.
아이머 f뤠이드, 아이 캔트.

• afraid는 형용사로 〈~을 두려워하는〉을 나타내는 단어인데, 〈I'm afraid not, I'm afraid that~〉의 형태로 대개 바람직하지 않은 일에 쓰여 〈유감이지만 ~라고 생각한다〉로 많이 쓴다.

나는 3년 전에 거기에 갔었어.

I went there / 3 years ago.
아 웬 데어 쓰리 이이어r즈 어고우.

• ago는 과거를 나타내는 부사이므로 동사도 반드시 과거시제를 써야 한다.

그거 살았니, 죽었니?

Is it alive / or dead?
이질 얼라이브 오어 덴?

• alive와 dead는 형용사로 be동사 is의 보어이다.

그는 혼자 살고 있어.

He lives alone.
히 리브즈 얼로운.

• alone은 부사로 〈혼자서, 홀로〉의 뜻이다.

그 집은 멀리 떨어져 있어.

The house is far away.
더 하우스 이즈 f아 러웨이.

• far away는 〈멀리 떨어진〉의 뜻이다.

쇼핑하러 가는 게 어때?

What about going shopping?
와러 바웉 고우잉 샤핑?

• 〈go~ing〉은 〈~하러 가다〉, go fishing : 낚시하러 가다,
go swimming : 수영하러 가다, go skiing : 스키 타러 가다

그 미국 회사는 월급을 많이 준다.

The American company offers / a high salary.
디 어메리칸 캄퍼니 아f어r즈 어 하이 쌜러뤼.

• offer는 동사로 〈제공하다, 제시하다〉의 뜻이다.
high salary : 높은 임금, low salary : 낮은 임금

작문으로 쓱싹

1 배 타러 가자.

Let's .... boating.

2 혼자서 외출하지 마라.

Don't go out ....

3 유감스럽지만 그럴 수 없을 것 같아.

I'm .... not.

4 나는 너에게 동의하지 않아.

I don't .... with you.

5 월급은 많이 받으시나요?

Do you get a .... ?

정답 1 go 2 alone 3 afraid 4 agree 5 high salary

퀴즈! 퀴즈!

1 Leave me ...lone. [ə] 나를 혼자 있게 해 주세요.

2 How ...bout tomorrow? [ə] 내일은 어때?

3 She lives ...broad. [ə] 그녀는 해외에서 살아.

4 Run ...way quickly. [ə] 빨리 달아나.

5 He's from Asi... . [ə] 그는 아시아 출신이야.

정답 1 a 2 a 3 a 4 a 5 a

Unit 05

e는 [e]로

Helen! You'd better get dressed to go out.

헬런! 유드 베러 겟 쥬뤠스 투 고우 아웃.

발음 연습

e → [e] : 입술을 옆으로 최대한 벌린 형태를 유지하면서 [에]소리를 낸다.
[e]와 [æ]는 서로 혼동하기 쉬우나 [e]는 [æ]처럼 그렇게 입을 많이 벌리지 않는다.

e[e] 에					
set 셑	met 멭	dress 쥬레스	better 베러	guess 게스	let 렡
forget 포겥	where 웨어	tell 텔	get 겥	never 네버	special 스뻬셜

대화로 톡톡

A Helen! You'd better get dressed to go out.
헬런! 유드 베러 겟 쥬뤠스 투 고우 아웃.

B Where are we going?
웨어r 아r 위 고우잉?

A We're going to a fancy restaurant.
위어r 고우잉 투 어 f앤씨이 뤠스터런트.

B Really? Let me think. Is it a special day today?
뤼이얼리? 렛 미 띵크. 이지 러 스뻬셜 데이 투데이?

A 헬런, 외출하게 옷 차려 입어야지.
B 어디 가는데?
A 고급 레스토랑에 갈거야.
B 정말로?
가만, 오늘 무슨 특별한 날인가?

단어

go out 외출하다
fancy 고급의, 일류의
special 특별한

단어 및 문법 설명

① You'd better~

〈You had better〉의 줄임 말로 구어체에서는 had를 생략하고 〈You better〉를 많이 쓰며 다음에는 동사의 원형을 쓴다. 상대에게 충고하거나 가볍게 명령하는 표현이다.

② get dressed

옷을 차려 입다

③ to go out

〈go out〉은 〈외출하다〉, to go는 부사적인 용법으로 목적을 나타내어 〈외출하기 위하여〉로 해석한다.

④ Where are we going?

현재 진행형으로 미래를 나타내는데, 왕래발착동사 come, go, arrive, leave는 현재 진행형 시제로 미래를 표현할 수 있다.

⑤ a fancy restaurant

요리가 아주 뛰어나고 근사한 분위기가 나는 일류 레스토랑

⑥ Let me think~

〈목적어 자신이 잠시 생각 좀 하겠다〉

⑦ it

비인칭주어로 자체는 해석을 하지 않는데, 여기에서는 날(day)을 나타낸다.

문장으로 클릭클릭

식탁 좀 차려 주겠니?

Will you set the table for me?

월 유 셑 더 테이블 f오r 미?

• set the table : 식탁을 차리다

재미있는 아이를 만났어.

I met a funny boy.

아이 멭 어 f어니이 보이.

• met : meet(만나다)의 과거이다.

누가 왔는지 맞춰 봐.

Guess / who are here.

게스 후 아r 히어r.

• 동사의 원형으로 시작하는 문장은 명령문이다.

• guess : 맞추다, 추측하다.

오해하지 마라.

Don't get me wrong.

도운 겥 미 롱.

• 부정 명령문은 〈Don't/Never+동사의 원형〉으로 시작한다.

휴식을 취하는 게 낫겠구나.

You'd better take a rest.

유드 베러 테이 커 뤠스트.

• 〈had better〉 다음에는 동사의 원형을 쓴다.

take a rest : 휴식을 취하다, 쉬다

그녀에게는 뭔가 특별한 게 있어.

There's something special / about her.

데어즈 썸씽 스뻬셜 어바우 러r.

• 〈There is~〉은 문장을 유도하는 부사로 해석하지 않는다.

something special : 형용사 다음에 명사가 오는 것이 옳은 어순이나, 형용사가 -thing으로 끝나는 명사와 같이 쓰이면 명사 뒤에 위치한다.

그녀는 빨강색 드레스를 입고 있어.

She's wearing / a red dress.

쉬즈 웨어륑 어 뤧 쥬레쓰.

• 현재진행형은 현재에 상태나 동작이 진행중인 시제를 말한다.

작문으로 쓱싹

1 해야 할 뭐 특별한 게 없어.

There's nothing .... to do.

2 일찍 자는 게 낫겠다.

You .... go to bed early.

3 그는 모자와 선글라스를 쓰고 있어.

He is .... a hat and sunglasses.

4 오늘 무슨 요일이지?

What day .... today?

5 오늘 밤에 우리 파티에 갈 거야.

We .... to a party tonight.

정답 1 special 2 (had) better 3 wearing 4 is it 5 are going

퀴즈! 퀴즈!

1 T...ll me about your family. [e] — 네 가족에 대해서 말해 줘.

2 I'll g...t it. [e] — 내가 받을게/나갈게.

3 You are wrong, I gu...ss. [e] — 네가 틀린 것 같아.

4 N...ver mind. [e] — 신경 쓰지마.

5 Forg...t it. [e] — 관 둬/괜찮아.

정답 1 e 2 e 3 e 4 e 5 e

Unit 06 e는 [i]로

Cecilia! What is the best way to speak English?

씨씨이리어! 와 리즈 더 베스 웨이 두 스뻬이크 잉글리쉬?

발음 연습

e → [i] : 입술을 옆으로 최대한 벌린 형태를 유지하면서 [이] 소리를 내는데, 입을 벌린 상태에서 [이]하고 짧게 발음한다. 강세를 받지 않을 경우에는 약하게 발음되어 거의 들리지 않는다.

e[i] 이					
event 이벤트	English 잉글리쉬	exactly 이그잭틀리	except 익셉트	escape 이스케이프	pretty 프뤼리
effective 이펙티브	example 이그잼플	remember 뤼멤버	repeat 뤼피이트	regret 뤼그뤠트	college 칼리쥐

대화로 톡톡

A Cecilia! What is the best way
씨씨이리어! 와 리즈 더 베스 웨이
to speak English?
투 스뻬이크 잉글리쉬?

B I think watching movies are pretty effective.
아이 띵크 워췽 무비이즈 아r 프뤼리이 이f엑티브.

A You mean without a caption?
유 미인 위드아우 러 캡션?

B Exactly.
이그잭틀리.

A 시실리아. 영어로 말 잘하는 최상의 방법이 뭐예요?
B 영화를 보는 게 꽤 효과적인 것 같아요.
A 자막 없이 말이죠?
B 그럼요.

단어

pretty 꽤, 상당히
effective 효과적인
without ~없이

단어 및 문법 설명

① the best

good의 최상급으로 〈가장 훌륭한〉의 뜻이며 정관사 the와 같이 쓴다.
good-better-best의 불규칙 변화를 보인다.

② I think (that)~

문장과 문장을 연결해 주는 접속사 that이 생략된 복문으로 that 앞의 문장을 주절이라 하고, that 이하의 문장을 종속절이라고 한다. 〈watching movies~〉은 종속절의 주어로 〈영화를 보는 것이〉의 뜻으로 동명사 watching이 주어 역할을 하고 있다.

③ pretty

부사일 때에는 〈상당히, 꽤〉, 형용사일 때에는 〈예쁜〉의 뜻이다.

④ caption

영화의 자막이나 사진, 삽화의 설명을 말한다.

⑤ Exactly

〈바로 그렇다〉의 뜻으로 대답에서 yes의 대용으로 쓴다.

문장으로 클릭클릭

그것은 대단한 사건이었지.

It was a big event.

일 워저 빅 이벤트.

• event : 일어난 일, 사건, 행사

너만 빼고 모두 준비되었어.

Everybody is ready / except you.

에브리바리 이즈 뤠리 익셉 츄.

• except : ~이외에, ~을 제외하고

• everybody의 우리말 뜻은 복수이나 영어에서는 단수로 취급하므로 동사를 단수로 쓴다.

여기에서 도망치고 싶다.

I want to escape / from here.

아 원 투 이스케입 f롬 히어r.

• want는 목적어 자리에 to 부정사를 써야 한다.

예를 하나 들어 주시겠어요?

Will you give me an example?

윌 유 기브 미 언 이그잼플?

• an example : 모음으로 시작하는 단어 앞에서는 관사 an을 써야 한다.

이제 그가 잘 생각난다.

Now I remember him well.

나이 아이 뤼멤버 힘 웰.

• well : 부사로 〈잘, 상당히〉의 뜻이다.

다시 한번 말씀해 주시겠어요?

Could you repeat that?

쿠쥬 뤼피이 댙?

• 〈Could you~?〉는 〈Can you ~?〉보다 더 공손한 표현으로 정중하게 부탁할 때 사용한다.

너는 후회하게 될 거야.

You will regret that.

유 윌 뤼그렡 댙.

• regret : 후회하다, ~을 유감스럽게 여기다

우리는 대학을 같이 다녔어.

We went to the same college.

위 웬 투 더 쎄임 칼리쥐.

• college : 단과대학, university : 종합대학

• go to the same school : 같은 학교에 다니다

작문으로 싹싹

1 역으로 가는 길을 가르쳐 주시겠어요?

______ ______ tell me the way to the station?

2 그게 정확히 제가 말하는 바예요.

That's ______ what I say.

3 날씨가 꽤 덥고 습하네요.

It's ______ hot and humid.

4 나는 내가 한 말을 후회하지 않아.

I ______ ______ what I said.

5 영어를 정말 잘 하고 싶은데.

I really ______ ______ speak English very well.

정답 1 Could you 2 exactly 3 pretty 4 don't regret 5 want to

퀴즈! 퀴즈!

1 Do you r...member his name? [i] 그의 이름이 생각나니?

2 My family is fine ...xcept me. [i] 나만 빼고 우리 식구 건강해.

3 He's in coll...ge. [i] 그는 대학을 다니고 있어.

4 Please r...peat after me. [i] 나를 따라 하세요.

5 Her sister is very pr...tty. [i] 그녀의 언니는 매우 예뻐.

정답 1 e 2 e 3 e 4 e 5 e

Unit 07 ea는 [e]로

You're ready to be jealous of anybody.
유어r 뤠리 투 비 쥘러스 어브 애니바리.

발음 연습

ea → [e] : 강세를 받는 ea는 입술을 옆으로 최대한 벌린 형태를 유지하면서 힘있게 [에]소리를 낸다. [e]와 [æ]는 서로 혼동하기 쉬우나 [e]는 [æ]처럼 그렇게 입을 많이 벌리지 않는다.

ea[e] 에					
ahead 어헤드	bread 브뤠드	breath 브뤠쓰	dread 쥬뤠드	meant 멘트	dead 데드
deaf 데프	feather f에더얼	jealous 쥘러스	measure 메줘	ready 뤠디	teasure 츄레줘

대화로 톡톡

A Don't look at another guy.
도운 루깻 언아더r 가이.

B You're ready to be jealous of anybody.
유어r 뤠리 투 비 쥘러스 어브 애니바리.

A No, I didn't mean it.
노우, 아이 디든 미이 닡.

B I know you meant it.
아 노우 유 멘 팉.

A 다른 남자 보지 마.
B 항상 아무에게나 질투하지.
A 아냐, 그런 뜻이 아니었어.
B 그런 뜻이었잖아.

단어

another 다른
jealous 질투하는
mean 의미하다

단어 및 문법 설명

① another~

형용사로 〈다른, 딴, 또 하나의〉의 뜻이다.

② guy

guy는 man과 같은 뜻이나 man보다 격식 없는 표현으로 구어체에서 많이 쓴다.

복수는 guys로 성별에 상관없이 한 무리의 사람들을 가리키며 보통 친구들이나 친한 사람들 사이에서 많이 쓴다.

③ be ready to~

〈언제라도 ~할 태세인〉의 뜻으로 다음에 to부정사가 온다.

④ be jealous of~

〈~를 질투하다, 시기하다〉의 뜻으로 of가 전치사이므로 다음에 동명사가 온다.

⑤ anybody

의문문이나 조건문에 쓰이면 〈누군가〉

부정문에 쓰이면 〈누구도 ~않다〉, 긍정문에 쓰이면 〈~그 어떤 누구라도〉

⑥ meant

mean(의도하다, 뜻하다)의 과거.

현재형의 ea는 [iː]이고, 과거형의 ea는 [e]로 서로 소리가 다른 점에 주의한다.

문장으로 클릭클릭

빵 어서 먹어.

Go ahead / with the bread.
고우 어헤드 윗 더 브뤠드.

- go ahead는 말이나 행동을 재촉할 때 쓰는 표현으로 〈어서 해, 먼저 해, 그래서〉의 뜻이다.

체중을 잴 준비가 되었나요?

Are you ready / to measure your weight?
아r 유 뤠리 투 메줘 유어r 웨잍?

- be ready to : 〈~할 준비가 되어 있다〉
- measure : 〈재다, 측정하다〉, weight : 〈무게〉

먼저 심호흡을 좀 하고.

Let me take a deep breath first.
렛 미 테이 커 디입 브뤠쓰 f어r스트.

- first : 〈우선〉, take a deep breath : 〈심호흡하다〉

우리 어머니는 깃털처럼 가벼웠지.

My mother was / as light as a feather.
마이 마더r 워즈 애즈 라잇 애 저 f에더r.

- as light as a feather : 〈깃털처럼 가벼운〉
- 〈as~ as〉는 〈~만큼 ~하다〉의 뜻으로 서로 정도가 같은 원급 구문이다.

그녀는 매우 질투심이 많은 여자야.

She is a very jealous woman.
쉬 이저 베리 젤러스 워먼.

- jealous는 형용사로 〈질투하는, 시기하는〉의 뜻으로 뒤에 사물이나 사람이 올 경우 전치사 of를 쓴다.

눈 먼 소녀가 물을 무서워한다.

The deaf girl dreads water.
더 데f 거어r얼 쥬뤠즈 워러.

- deaf : 〈눈이 먼, 장님인〉
- dread : 동사는 〈두려워하다, 겁내다〉, 명사는 〈두려움, 공포, 불안〉

그녀는 나의 보배야.
그녀 없이는 살 수가 없어.

She's my treasure.
I couldn't do without her.
쉬즈 마이 튜뤠줘. 아이 쿠든 두 위드아우 러.

- treasure : 귀금속이나 화폐, 또는 사람이 귀중한 것으로 〈보물, 보배〉의 뜻이다.

작문으로 쓱싹

1 나는 언제라도 갈 수 있어.

I ________ ________ to go.

2 누구라도 그렇게 할 수 있어.

________ can do that.

3 어서 해.

Go ________.

4 그 상자를 재 보자.

________ ________ the box.

5 그는 나의 충고를 듣지 않아.

He is ________ to all my advice.

정답 1 am ready 2 Anybody 3 ahead 4 Let's measure 5 deaf

퀴즈! 퀴즈!

1 Mice dr____d cats. [e] — 쥐는 고양이를 무서워해.

2 Both plants are d____d [e] — 식물이 둘 다 죽었어.

3 I'm r____dy for death. [e] — 나는 죽을 각오가 되어 있다.

4 I m____nt it. [e] — 진심이었어.

5 Don't be j____lous of her. [e] — 그녀를 질투하지마.

정답 1 ea 2 ea 3 ea 4 ea 5 ea

Unit 08

ee / ea는 [iː]로

Drink some green tea.

쥬링 썸 그뤼인 티이.

발음 연습

ea / ee → [iː] : 강세가 오는 모음 [i]는 턱을 아래로 쭉 당기면서 발음한다. 단모음 [i]가 짧게 [이]소리가 나므로 사실 [으]에 가깝게 들리고, 장모음 [iː]는 [이–]소리가 나서 비교적 단모음보다는 길게 들린다.

ea[iː] 이–	reach 뤼이이취	tea 티이이	eat 이이트	meal 미이얼	clean 클리이인	seat 씨이이트
ee[iː] 이–	see 씨이이	between 비튀이인	feel f이얼	green 그뤼이인	sleep 슬리이잎	deep 디이잎

대화로 톡톡

A Have a seat and drink some green tea.
해버 씨잇 앤 쥬링 썸 그뤼인 티이.

B Can I eat some cake, too?
캔 아이 이잇 썸 케잌, 투?

A Come on. No snacks between meals.
컴온. 노우 스낵스 비튀인 미이얼즈.

B Please, let me have a little bit.
플리즈, 렐 미 해버 리를 빝.

A 앉아서 녹차 좀 마셔라.
B 케잌도 먹어도 돼요?
A 알잖니. 식사 전에 간식은 안 돼.
B 제발, 조금만 먹을게요.

단어
drink 마시다
too 또한
let ~하게 하다

단어 및 문법 설명

① seat

좌석, 자리, 관람석

② some

〈약간의, 조금의〉의 뜻으로 긍정문에서는 some을 쓰고, 부정문, 조건문, 의문문에서는 any를 쓴다.

I have some money.(긍정문)

I don't have any money.(부정문)

③ Can I~?

can은 상대에게 허가를 묻는 조동사이다.

④ come on

명령할 때, 응원할 때, 또는 상대의 행동을 재촉할 때 등 굉장히 다양한 의미로 구어체에서 많이 쓰는 표현이다.

⑤ snack

간단히 먹을 수 있는 간식이나 주전부리.

⑥ between

〈~ 사이에〉의 뜻으로 장소, 시간, 위치에 쓰이는 전치사이다.

⑦ meal

식사, 한 끼니

문장으로 클릭클릭

소금이 안 닿네.

I can't reach the salt.
아이 캐앤 뤼이취 더 쏠트.
• reach : 〈~에 닿다, 손이 미치다〉

안전 벨트를 매십시오.

Fasten your seat belt, please.
f애쓴 유어r 씨잍 벨트, 플리즈.
• fasten : 〈묶다, 고정시키다〉
• 이 문장은 〈Buckle up! : 안전띠를 매세요〉와 같은 표현이다.

우리끼리만 아는 비밀이다.

This is just between us.
디스 이 줘스트 비튀인 어스.
• 비밀얘기를 할 때 쓰는 표현이다.

나중에 보자.

I'll see you later.
아일 씨이 유 레이러r.
• 흔히 구어체에서 〈See you later.〉로 많이 쓴다.

기분이 어떠신가요?

How are you feeling?
하우 아r 유 f일링?
• 기분이나 몸의 상태를 물어볼 때 쓰는 표현이다.

잘 자라.

Have a good sleep.
해버 굳 슬리입.
• 〈Have a good night.〉과 같은 표현이다

꼭 방 청소해라

Make sure to clean your room.
메잌 슈어r 투 클리인 유어r 루움.
• make sure : 〈반드시 ~하다〉
• make sure 다음에 to 부정사나 that 절이 온다.

강물의 깊이는 얼마인가?

How deep is the river?
하우 디잎 이즈 더 뤼버r?
• deep : 형용사는 〈깊은〉, 부사는 〈깊게〉, 명사는 〈깊은 곳, 바다〉
• deep의 명사 depth는 〈깊이〉

작문으로 쓱싹

1 숨을 길게 들이마셔라.

Take a ________ breath.

2 나중에 보자.

________ ________ later.

3 잊지 말고 반드시 문을 잠그시오.

________ ________ to lock the door.

4 이거 우리끼리만 하는 얘긴데 말이야.

This is just ________ us.

5 이제 먹어도 되나요?

________ I eat now?

정답 1 deep 2 See you 3 Make sure 4 between 5 Can

퀴즈! 퀴즈!

1 Where is my s____t? [i:] 제 좌석이 어디죠?

2 Stand betw____n Paul and Marsha. [i:] 폴과 마샤 사이에 서라.

3 The sea is very d____p. [i:] 바다는 아주 깊다.

4 I had a good m____l. [i:] 맛있게 먹었어요.

5 It's time to sl____p. [i:] 잘 시간이다.

정답 1 ea 2 ee 3 ee 4 ea 5 ee

Unit 09

i는 [i]로

Will you give me a pill, please?

윌 유 기브 미 어 필, 플리즈?

발음 연습

i → [i] : 입술을 옆으로 최대한 벌린 형태를 유지하면서 [이] 소리를 내는데, 입을 벌린 상태에서 [이]하고 짧게 발음한다.

i[i] 이					
hit 힡	ship 슆	fill f휠	fit f잍	sick 씩	tip 팊
dip 딮	big 빅	chick 췩	give 기브	will 윌	pill 필

대화로 톡톡

A Jim. Are you sick?
쥠. 아r 유 씩?

B Yes, I have a bad headache.
이예스, 아이 해버 배앧 헤데이크.

A Why don't you take a nap?
와이 돈 츄 테이 커 냎?

B It won't work. Will you give me a pill, please?
잍 우온 워어r크. 윌 유 기브 미 어 필, 플리즈?

A 짐. 어디 아프니?
B 응, 두통이 심해.
A 낮잠 좀 자는 게 어떠니?
B 효과 없을 거야. 약 좀 주겠니?

단어

sick 아픈, 병든
headache 두통
nap 낮잠
pill 알약

단어 및 문법 설명

① sick

〈몸이 아픈〉의 뜻으로 ill과 같은 뜻이다.

② a bad headache

bad는 몸이 심하게 아프다는 뜻으로 뒤에 오는 명사를 수식한다. 〈a bad cold〉는 〈독한 감기〉를 뜻하고, 어미 ache는 〈고통, 아픔〉을 나타낸다.

toothache(치통), stomachache(복통), earache(이통) 등

③ Why don't you~?

〈~하는 게 어때?〉의 뜻으로 상대에게 권유나 제안할 때 쓰는 표현이다. 〈Shall we ~?〉, 〈How about ~?〉, 〈What about ~?〉와 바꾸어 쓸 수 있으며, 〈Why don't you ~?〉 다음에는 반드시 동사의 원형을 쓴다.

④ take a nap

낮잠 자다

⑤ won't

〈will not〉의 축약형이다.

⑥ work

〈약 등이 듣다, 작용하다〉

⑦ Will you~?

상대방의 의지를 묻거나 부탁할 때 쓰는 표현이다. will이 명사가 되면 〈의지, 뜻, 유언〉의 뜻이다.

문장으로 클릭클릭

공을 더 힘껏 쳐라.

Hit the ball harder.

힡 더 볼 하아r더r.

- hard는 부사로 〈세게, 열심히〉의 뜻이다. harder-hard의 비교급으로 부사에 -er를 붙인다. 비교급은 형용사나 부사에 -er 또는 more를 붙인다. slow-slower, slowly-more slowly

커다란 배가 가라앉고 있다.

A big ship is sinking.

어 빅 쉽 이즈 씽킹.

- sink : 동사는 〈가라 앉다〉, 명사는 〈부엌의 개수대, 욕실의 세면대〉

그 서식을 기입하시오.

Fill in the form, please.

f일 인 더 f옴, 플리즈.

- fill : 장소, 시간, 용기를 가득 채우다
- Fill her up : 차에 기름을 가득 채우다

너에게 잘 어울린다.

It fits you well.

잍 f이 츄 웰.

- fit : 어울리다, 치수나 모양이 꼭 맞다

팁을 남겨 두는 게 좋아.

You'd better leave a tip.

유드 베러 리이브 어 팊.

- tip : 〈팁, 사례금, 조언, 충고〉, 동사는 〈기울이다, 팁을 주다〉
- leave는 〈떠나다, 남기다〉

그들이 냇가에 발을 담그고 있다.

They are dipping their feet / in the stream.

데이 아r 디핑 데어r f이트 인 더 스츄뤼이임.

- dip : 〈담그다, 적시다〉, 문장의 수를 모두 일치시키고 있다는 점에 주의해야 한다. 주어(They)가 복수이므로 동사(are), 소유격(their), 명사(feet)도 모두 복수를 취하고 있다.

그 암탉에게 병아리가 6마리 있다

The hen has six chicks.

더 헨 해즈 씩스 칰스.

- hen은 암탉, cock/rooster는 수탉
- chick는 병아리, chicken은 닭, 닭고기

작문으로 쓱싹

1 이 드레스가 당신에게 꼭 맞는군요.

This dress .... you well.

2 세면대에서 손을 씻어라.

Wash your hands ....

3 너는 더 열심히 공부해야 해.

You should study ....

4 이 약을 먹어도 듣지 않을 거에요.

This medicine ....

5 낚시하러 가는 게 어때?

.... go fishing?

정답 1 fits 2 in the sink 3 harder 4 won't work 5 Why don't you

퀴즈! 퀴즈!

1 F...ll in the blanks. [i] 빈 칸을 채우시오.

2 Let me give you a t...p. [i] 충고 한마디 해 주지.

3 D...p it into the water. [i] 그것을 물에 담가라.

4 Take this sleeping p...ll. [i] 이 수면제를 먹어라.

5 W...ll you excuse me? [i] 실례하겠습니다.

정답 1 i 2 i 3 i 4 i 5 i

Unit 10

i는 [əː]로

Virginia! Is this your first visit to Korea?

버쥐니어! 이즈 디스 유어r f어r스 비짓 투 코뤼어?

발음 연습

i → [əː] : 입술을 상하로 조금 벌린 형태를 유지하면서 우리말 [어] 소리를 조금 길게 낸다. 주로 자음 r와 결합하여 [əɪ]를 내는데, 이 때 혀가 입 천장에 닿지 않도록 주의한다.

i[əː] 어-					
bird 버어느	girl 거어얼	dirty 더어리	first f어스트	thirsty 써어스띠	shirt 셔어트
firm f어엄	third 써어드	birth 버어쓰	circle 써어클	virtue v어츄	whirl 워어얼

대화로 톡톡

A Virginia! Is this your first visit to Korea?
버쥐니어! 이즈 디스 유어r f어r스 비짓 투 코뤼어?

B No. Actually this is my third visit.
노우. 액츄얼리 디스 이즈 마이 떠어r드 비짙.

A Oh, I see. May I ask your job?
오우, 아이 씨이. 메이 아이 애스 큐어r 좝?

B I'm a lawyer. I'm working at a law firm.
아임 어 로이어r. 아임 워어r킹 애러 로 f어r엄.

A 버지니아. 이번이 한국을 처음 방문하는 건가요?
B 아뇨. 실은 세 번째 방문이에요.
A 아, 그래요.
직업을 여쭤봐도 될까요?
B 저는 변호사예요.
법률 회사에서 일하고 있어요.

단어

visit 방문
actually 실은
law 법, 법률
lawyer 변호사

단어 및 문법 설명

① Virginia

여자 이름이기도 하지만 미국 동부에 있는 주 이름이기도 하다.

② your first visit

〈소유격+서수사+명사〉의 어순에 주의한다.

③ visit to

〈~로의 방문〉을 뜻한다.

④ I see

어떤 새로운 사실이나 정보를 이제 알게 되었다는 뜻이며, 〈I know〉는 원래부터 어떤 사실이나 정보를 알고 있었다는 뜻이다. 따라서 〈I see〉는 〈그렇군요〉로, 〈I know〉는 〈알고 있어요〉로 해석을 하므로 상대가 〈I know〉라고 말을 한다면 이미 알고 있으니 더 이상 설명할 필요가 없다는 뜻으로 이해하면 된다.

⑤ May I ~?

〈~해도 될까요?〉의 뜻으로 상대에게 허가를 묻는 공손한 표현이다.

⑥ work at~

~에서 일하다

⑦ firm

형용사로는 〈확고한〉의 뜻이고, 명사로는 〈회사, 상사, 기업〉의 뜻이다.

문장으로 클릭클릭

셔츠가 더럽구나. 벗으렴.

Your shirt is dirty. / Take it off.
유어r 셔어r트 더어r리. 테이 키 러f.

- shirt는 한국에서 흔히 셔츠라고 복수 발음을 하는데, 영어에서는 문장에서 단, 복수를 분명히 구별해서 동사와 수를 일치해야 한다.

그 소녀에게는 새가 많이 있다.

The girl has / a lot of birds.
더 거어r얼 해즈 어 라러 버어r즈.

- a lot of는 lots of, many/much와 바꾸어 쓸 수 있다. 〈많은〉의 뜻으로 셀 수 있는 명사 앞에서도 셀 수 없는 명사 앞에서도 모두 쓸 수 있다.

목말라요. 시원한 물 한잔 주세요.

I'm thirsty. / Give me a glass of cold water.
아임 써어r스띠이. 기브 미 어 글래스 어브 코울드 워러r.

- 물은 셀 수 없는 명사이므로 용기 glass를 사용하여 한 잔이라고 표현할 수 있다.

그녀는 태어날 때부터 장님이다.

She's blind from birth.
쉬즈 블라인드 f롬 버어r쓰.

- blind : 눈이 먼, dumb : 벙어리인, deaf : 귀가 먼

아이들은 원을 지어 서 있다.

Children are standing / in a circle.
췰드런 아r 스탠딩 이너 써어r클.

- children은 child의 복수이다.

정직은 미덕이다.

Honesty is a virtue.
아니스띠이 이저 버어r츄.

- virtue : 미덕, 덕행, 선
- honesty(정직)의 형용사는 hohest(정직한)

선풍기들이 빙빙 돌고 있다.

The fans are whirling.
더 f앤즈 아r 워어r링.

- fan : 송풍기, 선풍기
- whirl : 빙빙 돌다, 선회하다

작문으로 쓱싹

1 성함을 여쭤봐도 될까요?

.... I ask your name?

2 그는 태어날 때부터 벙어리이다.

He is dumb ....

3 그들은 책이 아주 많아.

They have .... books.

4 이번이 처음 방문이에요.

This is my first ....

5 저는 은행에서 일해요.

I'm .... at a bank.

정답 1 May 2 from birth 3 a lot of 4 visit 5 working

퀴즈! 퀴즈!

1 C...rcle the correct answer. [əː] 옳은 답에 동그라미 하시오.

2 I'm very th...rsty. [əː] 매우 목마르다.

3 Look at the singing b...rd. [əː] 저 노래하는 새를 보아라.

4 She's washing the dirty sh...rt. [əː] 그녀가 더러워진 셔츠를 빨고 있어.

5 He's from V...rginia. [əː] 그는 버지니아 출신이야.

정답 1 ir 2 ir 3 ir 4 ir 5 ir

Unit 11

O는 [a]로

John is very popular in the office.
촨 이즈 베리 파퓰러 인 디 아f이스.

발음 연습

o → [a] : 강세를 받는 모음 o는 [a]소리가 나는데, 입을 크게 벌리고 우리말의 [아]와 비슷한 소리를 낸다. 우리말의 [아]는 목청이 떨리지 않으나, 영어의 [a] 소리는 목청이 떨리는 소리가 난다.

o[a] 아					
orange 아륀쥐	hot 핱	boss 바스	not 낱	office 아f이스	honest 아니스트
hobby 하비	lobby 라비	stop 스땊	shopping 샤아핑	model 마를	popular 파퓰러

대화로 톡톡

A I heard John is very popular in the office.
아이 허어r드 촨 이즈 베리 파퓰러 인 디 아f이스

B You're right.
유어r 롸잇.

He's very humorous and honest.
히즈 베리 휴머뤄스 앤 아니스트.

A By the way, is he your boss?
바이 더 웨이, 이즈 히 유어r 바아스?

B Yeah. I'm lucky to work with him.
야. 아임 럭키 투 워어r크 위 림.

A 존이 사무실에서 인기가 아주 많다며.
B 그래. 아주 유머러스하고 또 정직하지.
A 그런데, 그가 너의 상관이니?
B 응. 운 좋게도 그와 함께 일해.

단어

popular 인기 있는
honest 정직한
boss 상사, 상관

단어 및 문법 설명

① heard

hear(들리다, 듣다)의 과거이다

② popular

인기 있는, 평판이 좋은, 대중의

③ You're right.

상대의 말에 동의를 표현할 때 쓴다.

④ By the way

〈그건 그렇고, 그런데〉의 뜻으로 화제를 바꾸고자 할 때 쓰는 표현이다.

⑤ boss

〈상관, 상사〉, boss의 [a] 소리와 [bus]의 [ʌ] 소리는 구분하기가 매우 혼동되는 발음이므로 문장을 듣고 문맥에서 파악하는 연습을 하는 것이 중요하다.

⑥ Yeah

Yes의 구어적인 표현으로 실생활에서 많이 쓴다.

⑦ work with him

〈work with〉는 〈~와 함께 일하다〉의 뜻이다. 전치사 with 다음에는 인칭대명사 목적격 him이 와야 한다. 즉 with he나 with his는 틀린 표현이다.

이건 오렌지가 아냐. 저게 오렌지야.

This is not an orange. That is an orange
디스 이즈 나아런 아륀쥐. 대리즈 언 아륀쥐.
• this는 가까운 사람이나 사물을 지칭할 경우에 쓰고, that은 멀리 있는 사람이나 사물을 지칭할 때에 쓴다.

점점 더 더워지고 있다.

It's getting hotter and hotter.
이츠 게링 하러r 앤 하러r.
• 〈get+형용사〉는 〈상태가 ~해지다〉의 뜻으로 형용사의 비교급을 쓰게 되면 〈점점 더 ~ 해지다〉의 뜻이 된다.
• hot : 〈더운, 뜨거운, 매운, 인기 있는, 화난, 섹시한〉 등 다양한 뜻이 있다.

내 취미는 오래된 동전을 모으는 거야.

My hobby is / to collect old coins.
마이 하비 이즈 투 콜렉트 오울 코인즈.
• be동사 뒤 to 이하는 be 동사의 보어로 to부정사가 온 경우이다. 보어로 의미차이 없이 to 부정사와 동명사를 쓸 수 있다.
= My hobby is collecting old coins.

박물관 로비에서 만나자.

I'll meet you / in the lobby of the museum.
이일 미이 츄 인 더 라비 어브 더 뮤지엄.
• lobby : 〈호텔이나 극장 등의 로비, 대기실, 휴게실〉 또는 〈압력 단체, 로비 단체〉, 동사는 〈압력을 가하다, 로비 활동을 하다〉

나에게 말하지 마.

Stop talking to me.
스땁 토킹 투 미.
• 동사 stop 다음에는 목적어로 to 부정사와 동명사를 모두 쓸 수 있으나 의미가 달라진다.
stop to talk to me. 나에게 말을 하기 위해서 하던 일을 멈추다

우리는 쇼핑 가는 중이야.

We are going shopping.
위 아r 고우잉 샤핑.
• go ~ing는 〈~하러 가다〉

그녀는 인기 있는 모델이야.

She is a popular model.
쉬 이저 파퓰러 마를.
• model : 기준, 표준, 모형

작문으로 쓱싹

1 호텔 로비에서 기다려

Wait ______ ______ ______ of the hotel.

2 그건 그렇고, 어느 나라 출신이죠?

______ ______ ______, where are you from?

3 정직하게 말해 봐.

______ ______ with me.

4 당신을 만나서 행운이에요.

I'm ______ to meet you.

5 나의 꿈은 인기가수가 되는 것이야.

My dream is to ______ a popular singer.

정답 1 in the lobby 2 By the way 3 Be honest 4 lucky 5 become

퀴즈! 퀴즈!

1 He is making a m___del airplane. [a] 그는 모형 비행기를 만들고 있어.

2 She is not in the ___ffice now. [a] 그녀는 지금 사무실에 없는데요.

3 Someone is waiting for you in the l___bby. [a] 로비에서 누가 널 기다리고 있어.

4 My b___ss is a good leader. [a] 우리 상사는 훌륭한 리더야.

5 Pepper makes food h___t. [a] 후추를 넣으면 음식이 메워져.

정답 1 o 2 o 3 o 4 o 5 o

Unit 12

O는 [uː]/[ʌ]로

Whose glove is this?

후즈 글러브 이즈 디스?

발음 연습

o → [uː]/[ʌ] : [uː]는 입술을 모아 앞으로 쭉 내민 상태에서 [우-]하고 길게 발음하고, [ʌ]는 우리말의 [어] 또는 [아]에 가까운 소리를 낸다.

o[uː] 우-	do 두우	to 투우	tomb 투움	lose 루우즈	wolf 우울프	whose 후우즈
o[ʌ] 어	come 컴	love 러브	some 썸	money 머니	glove 글러브	front f런트

대화로 톡톡

A Whose glove is this? Looks great.
후즈 글러브 이즈 디스? 룩스 그뤠잇.

B No idea. Let's leave it in the front desk.
노우 아이디어. 렡츠 리이빌 인 더 f런 데스크.

A Wait a second. It says 'Love Pitt' on it.
웨이 러 쎄컨. 잇 쌔즈 '러브 핏' 온 잍.

B Maybe it's Jolie's.
메이비 이츠 졸리즈.

A 이거 누구 장갑이지? 멋진데.
B 모르지. 프론트에 맡기자.
A 잠깐만.
위에 '러브 피트' 라고 써 있네.
B 아마 졸리 건지도 모르지.

단어

glove 장갑
leave 맡기다
second 1초

단어 및 문법 설명

① whose

who의 소유격으로 〈누구의, 누구의 것〉, 여기에서는 whose 다음에 명사 glove가 있으므로 〈누구의〉의 뜻으로 의문대명사이다. Whose is this?(이거 누구의 것이지?)에서는 whose가 의문사이자 주어로 〈누구의 것〉을 뜻하는 소유대명사이다.

② Looks great

〈It looks great.〉로 구어체에서는 It을 생략하여 많이 쓴다.

③ No idea

〈I have no idea.〉의 줄임 말로 〈I don't know.〉와 같은 뜻이다.

④ leave

〈사람이나 사물을 어떤 장소에 맡기다〉

⑤ front desk

front는 정면을 나타내는 단어로 〈호텔이나 건물 등의 프론트〉를 말한다.
〈in front of〉는 〈~앞에서〉의 뜻으로 장소를 나타내는 전치사이다.

⑥ It says~

~라고 쓰여 있다

⑦ Maybe

〈아마, 어쩌면〉의 뜻으로 불확실한 추측을 나타낸다.

⑧ Jolie's

고유명사의 소유격은 고유명사 다음에 's를 붙인다.

내 일은 세탁을 하는 것이야.

My job is / to do the laundry.
마이 잡 이즈 투 두 더 론쥬리.

- to do는 be동사 is의 보어이다. • do the laundry : 세탁을 하다

피라미드는 일종의 무덤이다.

The pyramid is a kind of a tomb.
더 피뤄밑 이저 카인 더브 어 툼.

- kind : 형용사로는 〈친절한〉, 명사로는 〈종류, 유형〉이다.

나는 잃을 게 아무것도 없어.

I have nothing to lose.
아이 해브 나띵 투 루즈.

- 부정사구 to lose가 앞에 있는 명사 nothing을 수식하는 형용사적 용법이라고 하는데, 이는 부정사구가 형용사처럼 명사를 수식하기 때문이다.
- nothing의 o는 [ʌ] 발음이다.

돈이 좀 있으면, 빌려주라.

If you have any money, / lend me some.
이f 유 해브 에니 머니, 렌 미 썸.

- any와 some은 〈약간의, 조금의〉의 뜻으로 any는 조건문과 의문문에, some은 긍정문에 주로 쓰인다. 하지만 any가 긍정문에 쓰이면 〈어떤 ~라도〉의 뜻이며, some이 의문문에 쓰이면 상대에게 yes의 답을 기대한다.

: I don't have any money. 돈이 하나도 없어.
Do you have any money? 돈이 좀 있니?
I have some money. 돈이 좀 있어.
Do you want some money? 돈을 좀 원해?

사랑은 제게 모든 것이죠.

Love means everything to me.
러브 미인즈 에브뤼띵 투 미.

- everything의 th는 [θ]발음이다.

장갑 껴라. 매우 춥다.

Put on your gloves. It's very cold.
푸론 유어r 글러브즈. 이츠 베리 코울드.

- put on은 몸에 착용하는 것을 모두 지칭하여 〈입다, 쓰다, 차다, 끼다〉 등으로 해석한다.

작문으로 싹싹

1 돈이 좀 있니?

Do you have ________ money?

2 저 분은 누구 어머니지?

________ mother is the lady?

3 지금 할 일이 없어요.

I have nothing ________ ________ now.

4 케이크 좀 더 먹을래?

Do you want ________ more cake?

5 모자와 가면을 써라.

________ ________ a hat and a mask.

정답 1 any 2 Whose 3 to do 4 some 5 Put on

퀴즈! 퀴즈!

1 We will go to see his t__mb. [u:] 우리는 그의 무덤을 보러 갈 거야.

2 How much do you l__ve me? [ʌ] 저를 얼마나 사랑하시죠?

3 The w__lf is still alive. [u:] 늑대가 아직 살아 있다.

4 C__me here as soon as possible. [ʌ] 가능한 한 빨리 와라.

5 What are you d__ing out there? [u:] 밖에서 뭐하고 있니?

정답 1 o 2 o 3 o 4 o 5 o

Unit 13

oo는 [u]/[uː]로

Rooney has the best foot.

루우니 해즈 더 베스트 풋.

발음 연습

oo → [u]/[uː] : oo는 [u] 또는 [uː] 소리가 나는데, 입술을 쭉 내밀어 동그랗게 만든 상태에서 [u] 는 [우]로, [uː]는 [우-]로 발음한다.

oo[u] 우	foot f훝	book 붘	cook 쿸	wood 욷	took 퉄	look 뤀
oo[uː] 우-	room 루우움	too 투우	cool 쿠우울	noodle 누우를	pool 푸우울	mood 무우드

대화로 톡톡

A Rooney is a great soccer player, isn't he?
루우니 이저 그뤠잇 싸커r 플레이어r, 이즌 히?

B Yeah. He has the best foot.
야. 히 해즈 더 베스트 풑.

A But he's often in a bad mood.
벋 히즈 오f은 이너 배앧 무우드

B You got a point there, too.
유 가러 포인 데어, 투.

A 루니는 대단한 축구선수야, 그렇지 않아?
B 그래. 끝내주는 발을 가지고 있지.
A 그런데 루니는 자주 기분이 언짢아진단 말이야.
B 그것도 일리가 있는 말이고.

단어

player 선수
often 자주
mood 기분

단어 및 문법 설명

① isn't he?

부가의문문으로 〈주어+동사〉의 위치를 평서문과 반대로 바꾸고, 문장의 종류도 반대로 바꾸는데, 이 때 중요한 것은 평서문의 주어(Rooney)가 고유명사일 때, 부가의문문에서는 반드시 인칭대명사(he)로 바꾸어야 한다는 것이다.

② the best

good의 최상급으로 비교 변화는 good-better-best이다. 규칙적인 변화는 단음절일 경우 -er, est를 붙이고, 2음절 이상일 때에는 more, most를 붙이는데, 이외의 불규칙적인 변화를 보이는 형용사는 따로 기억해야 한다.

- fast(빠른, 빨리)-faster-fastest
- bad(나쁜)-worse-worst
- difficult(어려운)-more difficult-most difficult,
- many/much(많은)-more-most

③ foot

feet의 복수형이다.

④ often

〈자주, 종종〉의 빈도를 나타내는 부사로 be동사 뒤에 위치한다.

⑤ be in a bad mood

기분이 언짢다.

⑥ got a point there

일리가 있다.

⑦ too

〈또한, 역시〉로 긍정문에서 쓰는 표현이고, 부정문에서는 either를 쓴다.

He's tall, too. 그도 또한 크다.

He's not tall, either. 그도 역시 크지 않다.

문장으로 클릭클릭

이 책은 너의 것이야.

This book is yours.
디스 북 이즈 유어r즈.

호텔 방을 예약할게.

I'll book a hotel room.
아일 북커 호우텔 루우움.

- book : 명사로 〈책〉, 동사로 〈예약하다〉
- yours : 소유대명사로 〈너의 것〉인데, 이는 〈소유격+명사〉를 합한 말이다. 즉 yours는 your book을 줄인 말이다. 소유대명사로는 mine(나의 것), hers(그녀의 것), his(그의 것), ours(우리들의 것), theirs(그들의 것), its(그것의)가 있다.

그는 요리를 잘해.

He's a good cook.
히저 굳 쿡.

- good의 oo발음은 [u]이다.
- cook : 〈요리사, 요리하다〉, cooker는 솥이나 냄비 등의 가열용 요리기구나 취사도구를 말한다.

나는 그것을 벗었다.

I took it off.
아이 투 키 러f.

- take off : 벗다, put on : 입다, 쓰다

저 아름다운 숲을 좀 봐.

Look at the beautiful woods.
룩 앹 더 뷰리f울 우즈.

- wood : 단수는 〈나무, 목재〉, 복수는 〈숲〉, 명사의 단, 복수의 의미 차이가 다른 것에 주의한다.

수영장에 가고 싶은 기분이 든다.

I'm in the mood for going to the swimming pool.
아임 인 더 무우드 f오r 고우잉 투 더 스위밍.

- be in the mood for : ~하고 싶은 기분이 든다.

나는 여름에 냉 국수를 좋아해.

I like iced noodles in summer.
아 라잌 아이스트 누우들즈 인 써머.

- for가 전치사이므로 다음에 동명사가 와야 한다.
- noodle : 국수, 면류, 보통 복수 취급한다.

작문으로 싹싹

1 안경을 벗어라.

__________ __________ your glasses.

2 그가 차가운 레몬에이드를 마시고 있다.

He __________ __________ cool lemonade.

3 오늘밤 파티에 가고 싶은 기분이 들어.

I'm __________ __________ __________ for going to a party tonight.

4 네 말도 일리가 있어.

You got __________ __________ there, too.

5 그는 최고의 선수지.

He is __________ __________ player.

정답 1 Take off 2 is drinking 3 in the mood 4 a point 5 the best

퀴즈! 퀴즈!

1 Are you a good c___k? [u] 너 요리 잘하니?

2 He likes Korean n___dles. [u:] 그는 라면을 좋아해.

3 He is really c___l. [u:] 걔는 정말 멋져.

4 I b___ked a seat. [u] 좌석 예약했어.

5 I'm l___king for a dog. [u] 개를 찾고 있는데요.

정답 1 oo 2 oo 3 oo 4 oo 5 oo

Unit 14

u는 [ʌ]로

Gus! Which club are you going to join?

거씨! 위취 클럽 아r 유 고우잉 투 죠인?

발음 연습

u → [ʌ] : [어]와 [아]의 중간 소리로 [어]할 때 턱을 아래로 힘껏 벌리면서 발음한다.

u[ʌ] 어					
	hungry 헝그뤼	puppy 퍼피	us 어스	under 언더	uncle 엉클
	sun 썬	lucky 럭키	club 클럽	fund f언드	junk 정크

대화로 톡톡

A Gus! Which club are you going to join?
거씨! 위취 클럼 아r 유 고우잉 투 죠인?

B A film club.
어 피음 클럽.

A Me, too. We're lucky to have Mr. Lucas this time.
미, 투우. 위어r 럭키 투 해브 미스터r 루카스 디스 타임.

B Yeah. I heard he used to be a great movie director.
야. 아이 허어r드 히 유스 투 비 어 그뤠잍 무비 디렉터r.

A 거스! 어느 클럽에 가입할 거니?
B 영화 클럽.
A 나도. 이번에 루카스 선생님을 모시게 되어 운이 좋아.
B 그래. 예전에 훌륭한 감독이었대.

단어

join 가입하다
film 영화
director 감독

단어 및 문법 설명

① Which club

의문사 which 는 선택을 묻는 의문형용사로 일정수로 제한된 사람, 사물 중에서 선택을 할 때 쓰인다.
club : (운동, 사교 등의) 클럽, 동호회, 동아리

② Me, too

긍정문에서 〈나도 그래〉의 뜻이며, 부정문에서는 〈Me, neither.〉라고 해야 한다.
I'm hungry. – Me, too. (나 배고파. – 나도 그래.)
I'm not hungry. – Me, neither. (나 배 안고파. – 나도 안 고파.)

③ I heard

heard는 hear (듣다)의 과거이다.
hear–heard–heard

④ used to be

〈used to〉는 〈과거에 ~했으나, 이제는 더 이상 아니다〉의 뜻이다.
He used to be a teacher. → He was a teacher in the past, but not any more.
(그는 과거에 선생님이었는데, 지금은 아니야.)

⑤ a movie director

영화 감독
director : 지도자, 관리자, 중역, 국장

배가 고파서, 나는 많이 먹었다.

Being hungry,/ I ate much.
비잉 헝그뤼, 아이 에일 머취.

- 〈Being hungry, ~〉는 분사구문으로 부사절의 접속사와 주어를 생략하고, 동사의 원형에 -ing를 붙여 구로 전환한 구문이다. 생략하는 접속사에 따라 분사구문은 이유, 시간, 양보, 조건으로 해석한다.
  : Being hungry, I ate much. (이유를 나타내는 분사구문)
  → Because I was hungry, I ate much.
  Walking in the street, I met him. (시간을 나타내는 분사구문)
  → When I walked in the street, I met him.

똑똑한 학생이어서,
우리 삼촌은 장학금을 받았어.

Being a smart student,/my uncle won a scholarship.
비잉 어 스마아r트 스뜌던, 마이 엉클 우원 어 스깔라r쉽.

- Being ~, : 이유를 나타내는 분사구문이다.
  : Because he was a smart student, ~ .
- win a scholarship : 장학금을 받다

아버지가 우리에게
귀여운 강아지를 주셨다.

My father gave us a cute puppy.
마이 f아더r 게이브스 어 큐트 퍼피.

- give(주다)-gave-given의 동사 변화를 보이고 목적어를 두 개 필요로 하는 수여동사(4형식 동사)이다.

이 세상에 새롭지 않은 것이 없다.

Everything is new / under the sun.
에브뤼띵 이즈 뉴 언더 더 썬.

- fit : 〈어울리다, 치수나 모양이 꼭 맞다〉
- under : 아래에, 미만의

그는 자금 운용 담당자야.

He is a fund manager.
히 이저 f언드 매니줘r.

- fund : 자금, 기금, 예금

정크 푸드는 그만 먹자.

Let's stop eating junk food.
레츠 스땁 이이링 줭크 f운.

- stop 다음에 동사가 목적어로 오면 동명사로 바꾸어야 한다.
- junk food : 칼로리는 높으나 영양가는 없는 즉석식품

작문으로 쓱싹

1 어느 것을 선택하시겠습니까?

_______ one would you choose?

2 거기에 가고 싶지 않아. – 나도 가고 싶지 않아.

I don't want to go there. – Me, _______.

3 매우 피곤해서 일찍 자러 갔어.

_______ very tired, I went to bed early.

4 그는 예전에 여기 살았어.

He _______ _______ live here.

5 너 복권에 당첨되었다며.

I _______ you won a lottery.

정답 1 Which 2 neither 3 Being 4 used to 5 heard

퀴즈! 퀴즈!

1 I joined a tennis cl__b. [ʌ] 나는 테니스 클럽에 가입했어.

2 I got a p__ppy as a gift. [ʌ] 선물로 강아지를 받았어.

3 I don't like j__nk food. [ʌ] 나는 정크 푸드를 좋아하지 않아

4 She is __nder 30. [ʌ] 그녀는 아직 30살이 안 되었어.

5 Can't you join __s? [ʌ] 우리랑 같이 못 가니?

정답 1 u 2 u 3 u 4 u 5 u

Unit 15

u는 [ju]로

Stuart usually writes music in his studio.

스뉴얼 유수얼리 롸이츠 뮤직 인 히스 스뜌디오.

발음 연습

u → [ju] · [ju]는 [이유]로 발음되는데 [이]는 아주 빨리 발음하므로 거의 들리지 않아 [유] 소리처럼 들린다.

u[ju] 유					
	use 유즈	union 유니언	music 뮤직	usually 유주얼리	unique 유니끄
	abuse 어뷰즈	refuse 뤼퓨즈	amusing 어뮤징	confused 컨퓨즈드	studio 스뜌디오

대화로 톡톡

A Stuart! What do you usually do on the weekend?
스뜌얻! 왓 두 유 유주얼리 두. 온 더 위이껜?

B I usually write music in my studio.
아이 유주얼리 롸잍 뮤직 인 마이 스뜌디오.

A Wow! How do you write music?
와우! 하우 두 유 롸잍 뮤직?

B It's a complicated thing to learn, but it is very amusing.
이츠 어 컴플러케이릿 띵 투 러언, 벋 이리즈 베리 어뮤징.

A 스튜어트! 주말에 대개 뭐하세요?
B 보통 제 스튜디오에서 음악을 만들어요.
A 와! 어떻게 음악을 만드는 거예요?
B 배우기가 복잡한데 저는 아주 즐겁게 하고 있어요.

단어

usually 보통
complicated 복잡한
amusing 즐거운

단어 및 문법 설명

① usually

빈도부사로 〈보통, 대개, 통상〉의 뜻이다. 빈도부사란 횟수를 나타내는 부사로 동사를 수식하는 부사를 말하는데, always, usually, sometimes, never 등을 말한다. 빈도부사의 위치는 be동사와 조동사와 같이 쓰일 때에는 뒤에 위치하며, 일반동사와 같이 쓰일 때에는 일반동사 앞에 위치한다.

② studio

(화가, 음악가, 조각가 등의) 작업실, (무용, 연기 등의) 연습실, 작업장

③ complicated

〈복잡한, 알기 어려운〉의 뜻으로 동사 complicate(복잡하게 하다)에서 파생한 형용사이다.

④ to learn

〈to+동사의 원형〉을 to 부정사라고 하는데, 앞에 있는 명사(thing)를 수식하는 부정사이므로 이를 형용사적 용법이라고 칭한다.

⑤ amusing

동사에서 파생하는 형용사는 -ing형과, -ed형의 형용사가 있는데, 주어에 따라서 형용사의 형태를 달리 써야 한다. 주어가 사람일 때에는 -ed형 형용사를 쓰고, 주어가 사물일 때에는 -ing형 형용사를 쓴다.

She was amused. (그녀는 즐거워했다.)

It was amusing. (그건 즐거웠다.)

문장으로 클릭클릭

네 휴대폰 좀 사용해도 되니?

May I use your cell phone?
메이 아이 유즈 유어r 쎌 f오운?

- cell phone : cellular phone의 줄임 말로 cellular는 통신에서 〈셀 방식의〉의 뜻이다. use가 동사일 때에는 [z]로, 명사일 때에는 [s] 소리를 낸다.

이 국기는 영국 국기이다.

This flag is the Union Jack.
디스 플래그 이즈 디 유니온 잭.

- Union Jack : 영국 국기

그녀의 스타일은 매우 독특하다.

Her style is very unique.
허r 스따일 이즈 베리 유니끄.

- unique : 유일한, 독특한, 유례없는

아동을 학대하는 사람들은 처벌받아야 한다.

People who abuse children / should be
피플 후 어뷰즈 췰드런 슏 비
punished.
퍼니쉬트.

- 관계대명사 who는 다음에 동사가 온다. 관계대명사란 두 개의 문장을 하나의 문장으로 만드는 과정에서 접속사와 주어(명사 또는 목적어) 대신 사용하는 것을 말한다.

: I met a girl. She's from Rome.
→ I met a girl and she's from Rome.
(접속사 and와 주어 she로 전환한 경우)
→ I met a girl who's from Rome.
(접속사와 주어를 생략하고 대신 관계대명사 who를 쓴 경우)

그의 제안을 거절하다니 어리석다.

It's silly to refuse his offer.
이츠 씰리 투 뤼퓨즈 히즈 아f어r.

- It은 가주어이고 실제 주어는 to~이하이므로, 가주어는 해석하지 않는다.

그 소식을 듣고 매우 혼란스러웠다.

I was so confused / at the news.
아이 워즈 쏘우 컨퓨즈드 앹 더 뉴스.

- confused : 혼란스러운, 당황한

작문으로 쓱싹

1 그 게임은 매우 재미있었다.

The game was very ....

2 저녁 식사 후 대개 뭐하세요?

What do you .... do after dinner?

3 영어는 배우기가 어려운 언어이다.

English is a difficult language .... learn.

4 저 집에 사는 여자를 알아.

I know the girl .... lives in that house.

5 그의 말을 듣다니 매우 어리석구나.

.... is very silly .... listen to him.

정답 1 interesting 2 usually 3 to 4 who 5 It, to

퀴즈! 퀴즈!

1 What kind of m...sic do you like? [ju] 어떤 종류의 음악을 좋아하니?

2 Why don't you ...se my car? [ju] 내 차를 사용하지 그래.

3 Drug ab...se is very dangerous. [ju] 약 남용은 매우 위험하다.

4 How can I ref...se your offer? [ju] 너의 제안을 어떻게 거절하겠니?

5 The movie was quite conf...sing. [ju] 영화는 꽤 헷갈렸다.

정답 1 u 2 u 3 u 4 u 5 u

Part B

이중모음

FIRST STEP ENGLISH

Diphthongs

Unit 16 a는 [ei]로

I'll wake you up one hour later.

아일 웨이 큐 엎 원 아우어r 레이러r.

발음 연습

a → [ei] : [e]소리는 [a]나 [æ]처럼 입술을 크게 벌리지 않고 옆으로 최대한 많이 벌리는 소리임에 주의한다. [i] 소리 역시 입술을 최대한 옆으로 벌린 상태를 유지하면서 짧게 소리를 내므로 [ei]는 [e]에 강세를 두어 발음하도록 한다.

a[ei] 에이					
day 데이	age 에이쥐	way 웨이	say 쎄이	pay 페이	later 레이러
may 메이	take 테이크	make 메이크	save 쎄이브	station 스떼이션	wake 웨이크

대화로 톡톡

A Jane, I can't work any more. So tired.
쥐인!! 아이 캐앤 워어r크 에니 모어r. 쏘우 타어r드.

B OK. Let's take a break for 10 minutes.
오우케이. 레츠 테어 커 브뤠이크 포러 텐 미니츠.

A I'm so sleepy. My eyes keep falling shut.
아임 쏘우 슬리피. 마이 아이즈 킵 f올링 셧.

B Don't worry.
도운 워뤼.
I'll wake you up one hour later, then.
아일 웨이 큐 엎 원 아우어r 레이러r.

A 제인, 더 이상 일할 수가 없어. 너무 피곤해.
B 좋아. 십분 동안 휴식을 취하자.
A 너무 졸려서 눈이 자꾸 감기고 있어.
B 걱정 마. 그럼 한 시간 후에 깨워 줄게.

단어

break 짧은 휴식
shut 감기는, 닫힌
worry 걱정하다

단어 및 문법 설명

① not ~ any more

⟨not ~any longer⟩, ⟨no ~ more/longer⟩와 같은 뜻으로 ⟨더 이상 ~ 않다⟩의 뜻이다.
I don't love you any longer. (너를 더 이상 사랑하지 않아.)

② So tired.

⟨I'm so tired.⟩로 앞에 주어와 be 동사가 생략되어 있는데, 구어체에서는 이처럼 주어와 be 동사를 생략해서 많이 쓴다.

③ take a break

휴식을 취하다

④ for 10 minutes

for는 시간을 나타내는 전치사이다.

⑤ keep falling

fall은 ⟨떨어지다, 눈이 아래로 향하다⟩, ⟨keep ~ ing⟩은 ⟨계속 ~ 하다⟩

⑥ wake ~up

⟨누구를 깨우다⟩, 참고로 모닝 콜의 올바른 표현은 ⟨a wake up call⟩이다.
Please give me a wake up call. (전화로 좀 깨워주세요.)

문장으로 클릭클릭

날씨가 정말로 좋구나!

What a fine day it is!
와러 f화인 데이 이리즈!

- What으로 시작하는 감탄문이다.
  what 다음에는 〈관사+형용사+명사+주어+동사!〉의 어순을 취해야 한다.

나이를 물어봐도 될까요?

May I ask your age?
메이 아이 애스크 유어r 에이쥐?

- 〈May I~?〉는 공손하게 묻는 표현으로 상대의 허가를 묻는 표현이긴 하나, 특히 여성에게는 나이를 묻는 것은 결례로 간주한다.

어느 쪽이 역으로 가는 가장 빠른 길인가요?

Which is the fastest way / to the station?
위취 이즈 더 f애스티스트 웨이 투 더 스떼이션?

- way : 〈방법, 방식, 길〉
- which : 둘 이상 중 어느 하나를 선택하는 의문대명사이다.

변명 좀 그만 늘어놔.

Don't make excuses any more.
도운 메잌 익스큐지즈 에니 모어r.

- make an excuse : 변명하다

네가 원하는 것을 말해라.

Say / what you want.
쎄이 와 츄 원.

- what은 〈~라는 것〉으로 선행사를 포함한 관계대명사라고 한다.

나중에 지불해도 될까요?

Can I pay it later?
캔 아이 페이 잍 레이러r?

- 〈Can I ~?〉 : 〈제가 ~해도 될까요?〉의 뜻으로 상대에게 허가를 구할 때에는 〈May I ~?〉와 같은 뜻이다.

이 방법이 시간과 노력을 덜어줄 거야.

This way will save time and effort.
디스 웨이 윌 쎄이브 타임 앤 에f오r트.

- save : 구하다, 수고를 덜어주다, 절약하다
- effort : 노력

작문으로 싹싹

1 이쪽으로 오세요.

Come ...., please.

2 전화를 좀 써도 될까요?

.... use your phone?

3 잠깐 휴식을 취하자.

Let's .... for a minute.

4 그는 항상 변명만 늘어 논다니까.

He's always ....

5 저 차 정말로 멋지다!

What .... it is!

정답 1 this way 2 May/Can I 3 take a break 4 making excuses 5 a nice car

퀴즈! 퀴즈!

1 What did you s...y? [ei] 뭐라고 말했지?

2 He s...ved my life. [ei] 그가 내 목숨을 구해 주었어.

3 It's my turn to p...y. [ei] 이번에는 내가 낼 차례야.

4 Will you w...ke me up at 10? [ei] 10시에 깨워줄래?

5 I'll call you l...ter. [ei] 나중에 전화할게.

정답 1 a 2 a 3 a 4 a 5 a

Unit 17

ai는 [ei]로

You mean no pains, no gains.

유 미인 노우 페인즈, 노우 게인즈.

발음 연습

ai → [ei] : 입술을 양 옆으로 최대한 벌려서 [에이]소리를 내는데, [e]소리에 주안점을 두고 발음한다.

ai[ei] 에이					
wait 웨잍	aid 에이드	aim 에임	gain 게인	fail f훼일	brain 브뤠인
jail 줴일	paint 페인트	main 메인	mail 메일	vain v에인	pain 페인

대화로 톡톡

A You know my aim is to be a great dancer.
유 노우 마이 에임 이즈 투 비 어 그레잍 댄서r.

B But isn't it hard to practice all day long?
벋 이즌 잍 하아r드 투 프랙티스 올 데이 롱?

A Practicing is the only way not to fail.
프랙티싱 이즈 디 오운리 웨이 낱 투 f훼일.

B You mean no pains, no gains.
유 미인 노우 페인즈, 노우 게인즈.

A 제 목표가 훌륭한 댄서가 되는 거라는 걸 아시잖아요.
B 하지만 하루 종일 연습하는 게 힘들지 않니?
A 연습만이 실패하지 않는 길이에요.
B 노력하지 않으면 얻는 것도 없다는 말이구나.

단어

aim 목표
hard 어려운
practice 연습하다
fail 실패하다

단어 및 문법 설명

① to be a great dancer

be 동사 is의 보어로 to부정사 대신 동명사가 올 수도 있다. My aim is being a great dancer. 보어란 주어를 보충 설명해 주는 말이다.

② it

to 이하를 의미하는 가주어이다.

③ all day long

하루 종일

④ practicing

주어자리에 동명사가 온 경우로 to부정사를 써도 된다. 즉 to부정사와 동명사는 주어, 보어, 목적어 자리에 올 수 있는데, 주어자리와 보어자리에는 의미 차이 없이 모두 사용 가능하다.

To practice is the only way not to fail.

⑤ not to fail

to 부정사를 부정할 때에는 부정어 not을 부정사 앞에 붙인다. not to fail은 앞에 있는 명사 way를 한정 수식하므로 to부정사의 형용사적 용법이라고 한다. 형용사라는 말은 명사의 의미를 한정하거나 수식한다는 뜻이다.

⑥ no pains, no gains

속담으로 〈고생 끝에 낙이 온다, 노력 없이는 이득이 없다〉의 뜻이다.

단수로 pain은 〈고통, 아픔〉이며, 복수가 되면 〈고생, 노력〉의 뜻이 된다.

문장으로 클릭클릭

내가 올 때까지 여기에서 기다려라.

Wait here / till I come.

웨잍 히어r 틸 아이 컴.

• till은 시간을 나타내는 접속사이다

두뇌는 고통을 느끼지 못한다.

The brain feels no pain.

더 브뤠인 f휠즈 노우 페인.

• brain(뇌)의 복수 brains은 〈지력, 지능, 머리〉

그에게 응급처치를 하라.

Give first aid to him.

기브 f어r스트 에이드 투 힘.

• first aid : 현장에서 하는 응급치료

• aid : 도움, 원조, 돕다

나의 노력은 모두 허사였다.

All my efforts were in vain.

올 마이 에f오츠 워r 인 베인.

• 주어가 복수이고 과거이면 be 동사는 were이다.

• vain : 헛된, 소용없는

내일 지붕을 칠하겠다.

I'll paint the roof tomorrow.

아일 페인 더 루우f 투마로우.

• paint : 물감, 페인트, 페인트칠하다, 그림을 그리다

• 미래를 나타내는 부사 tomorrow가 있으므로 시제는 미래(will)이다.

나의 주 목표는 행복하게 사는 것이다.

My main aim is / to live happily.

마이 메인 에임 이즈 투 리브 햅삘리.

• main : 주요한, 중심이 되는, 주된

그 영화는 감방의 죄수들에 관한 내용이다.

The movie is about the prisoners / in the jail.

더 무비 이즈 어바웉 더 프뤼즈너r즈 인 더 줴일.

• jail : 교도소, 감방

편지 왔어요.

You've got mail.

유브 같 메일.

• mail : 〈우편물, 우송하다〉의 뜻으로 명사 mail은 집합명사이므로 관사를 붙이지 않는다.

작문으로 싹싹

1 머리 좀 쓰지 그래?

Why don't you .... your ....?

2 편지 부치는 걸 깜박 잊었어.

I forgot to .... the letter.

3 걷기가 몸에 좋다.

.... is good for health.

4 영어를 통달하기는 어려워.

.... hard to master English.

5 시험에 떨어지지 않으려면 열심히 공부해라.

Study hard .... fail the exam.

정답 1 use, brain 2 mail 3 Walking/To walk 4 It is 5 not to

퀴즈! 퀴즈!

1 Please w......t a minute. [ei] 잠깐만 기다리세요.

2 Use your br......n. [ei] 머리를 써라.

3 I made it by the a......d of him. [ei] 그의 도움으로 해 냈어.

4 It is v......n to try. [ei] 시도해봐도 소용없어.

5 The m......n character was so funny. [ei] 주인공이 정말 재미있었어.

정답 1 ai 2 ai 3 ai 4 ai 5 ai

Unit 18

ay는 [ei]로

May! Go get some bug spray.

메이! 고우 겟 썸 버그 스쁘뤠이.

발음 연습

ay → [ei] : 입술을 최대한 양 옆으로 벌린 상태에서 [에이] 소리를 내는데, 이 때 [에] 소리에 중점을 두어 크고 길게 발음한다.

ay[ei] 에이					
	play 플레이	delay 딜레이	lay 레이	May 메이	say 쎄이
	pay 페이	tray 츄뤠이	spray 스쁘뤠이	display 디스쁠레이	pray 프뤠이

대화로 톡톡

A May! Go get some bug spray.
메이! 고우 겥 썸 버그 스쁘뤠이.

B But I'm playing computer games.
벝 아임 플레잉 컴퓨터 게임즈.

A Come on, May. They'll close in a minute.
컴온, 메이. 데일 클로우즈 이너 미닡.

B OK. I'll go get it.
오우케이. 아일 고우 게 맅.

A 메이! 가서 벌레 잡는 약 좀 사오렴.
B 하지만 저 지금 컴퓨터 게임하고 있는데요.
A 어서, 메이. 금방 문 닫을 거야.
B 알았어요. 가서 사 올게요.

단어

bug 벌레
close 닫다
minute 1분

단어 및 문법 설명

① May

May는 여자 이름 또는 3월이고, may는 조동사로 허가나 추측을 나타낸다.
I'll be 20 in May.(나는 3월에 스무 살이 된다.)
You may go now. (이제 가도 된다.)

② Go get

〈Go and get〉인데 구어체에서는 접속사 and를 생략해서 많이 쓴다.
get은 buy와 같은 의미로 〈사다〉의 뜻이다.

③ spray

명사로 〈물보라, 물안개, 분무기〉이고, 동사로 〈물보라를 일으키다, 물안개를 날리다, ~에 …를 뿌리다〉의 뜻이다.

④ They'll

여기에서 they는 가게를 지칭하는 말이다.

⑤ in a minute

in은 시간을 나타내는 전치사로 미래를 의미하여 〈후에〉라는 뜻이다. in이 현재를 기점으로 한다면, after는 과거나 미래의 어떤 시점을 기점으로 할 때 쓴다.
I'll be back in an hour.(한 시간 후에 돌아올게.)
He didn't come back after an hour.(그는 한 시간 후에도 돌아오지 않았다.)

⑥ go get it

대명사 it은 bug spray를 말한다.

문장으로 클릭클릭

우리는 지체 없이 출발해야 한다.

We must start / without delay.

위 머슽 스따아r트 위드아웉 딜레이.

- must : 조동사로 〈~해야 한다〉, delay : 지체, 지연(시키다), 미루다
- without이 전치사이므로 delay는 명사로 쓰였다

그 드레스를 바닥에 놓겠니?

Will you lay the dress / on the floor?

윌 유 레이 더 쥬레스 온 더 f로어r?

- lay : ~에 물건을 놓다, 두다, 눕히다
- lay-laid-laid 동사의 변화에 주의한다.

저에게 뭐라고 하셨죠?

What did you say to me?

왇 디쥬 쎄이 투 미?

- say-said-said 과거와 과거분사의 i는 묵음이므로 [sed]라고 발음해야 한다.

그걸 쟁반에 놓아라.

Put it on the tray.

푸릳 온 더 츄레이.

- tray : 쟁반, 요리 접시

직장은 맘에 안 들지만 급료는 괜찮아.

I don't like my job, / but the pay is good.

아 도운 라잌 마이 잡, 벋 더 페이 이즈 굳

- pay : 명사로는 〈보수, 급료〉의 뜻이고, 동사로는 〈갚다, 지불하다〉의 뜻이다.

멋진 드레스가 전시되어 있다.

A beautiful dress is on display.

어 뷰리f울 쥬레스 이즈 온 디스쁠레이.

- on display : 전시되어, 진열되어

그들이 그 아픈 아이를 위해 기도하였다.

They prayed for the sick child.

데이 프뤠이드 포 더 씩 촤일드.

- pray : 빌다, 기도하다

작문으로 싹싹

1 일주일 후에 다시 올래요?

Will you come again ....?

2 너는 출발을 연기해야 해.

You .... your departure.

3 금방 그 곳으로 갈게.

I'll be there ....

4 가서 빵과 우유 좀 사 오겠니?

Will you .... some bread and milk?

5 그는 한 달 후에 로마로 떠났어.

He left for Rome .... a month.

정답 1 in a week 2 must delay 3 in a minute 4 go get 5 after

퀴즈! 퀴즈!

1 You'd better del...... it. [ei] — 연기하는 게 낫겠다.

2 Please s...... that again. [ei] — 다시 한 번 말씀해 주세요.

3 I almost dropped the tr...... . [ei] — 나는 거의 쟁반을 떨어트릴 뻔했다.

4 I'll p...... you back tomorrow. [ei] — 내일 갚을게.

5 Will you pr...... for me? [ei] — 날 위해 기도해 주겠니?

정답 1 ay 2 ay 3 ay 4 ay 5 ay

Unit 19 ea는 [e]/[iə]로

Andrea. Did you hear the rumor?

앤쥬레아. 디쥬 히어r 더 루머r?

발음 연습

ea → [e]/[iə] : [e]는 입술을 양 옆으로 최대한 벌린 상태에서 [에]와 [이]소리를 내고, [iə]는 [i]소리에 주안점을 두면서 [ə]소리는 약하게 발음한다.

ea[e] 에	head 헤드	bread 브뤠드	read 뤠드	spread 스쁘뤠드	dread 쥬뤠드	breath 브뤠쓰
ea[iə] 이어	year 이이어	fear f이어	hear 히어	near 니어	beard 비어드	dear 디어

대화로 톡톡

A Andrea. Did you hear the rumor?
앤쥬레아. 디쥬 히어r 더 루머r?

B Yeah, it spread all over the town.
야, 잍 스쁘뤠드 올 오버r 더 타운.

A I really dread going out at night.
아이 뤼얼리 쥬뤠드 고우잉 아웉 앳 나잍.

B Me, too.
미, 투우.

A 안드레아. 그 소문 들었니?
B 응, 온 마을에 쫙 퍼졌잖아.
A 밤에 나가기가 정말 무서워.
B 나도 그래.

단어

hear 들리다, 듣다
town 마을
at night 밤에

단어 및 문법 설명

① Did you~

일반동사 과거의 의문문은 주어의 수와 상관없이 Did로 시작한다. 현재일 때에는 단수일 경우 Does로 시작하는데, 회화에서 흔히 실수를 많이 하는 부분이다.

Do you have a dog?(너는 개가 있니?)

Does he/she have a dog?(그/그녀는 개가 있니?)

② spread

〈퍼지다, 퍼뜨리다〉의 뜻으로 동사의 변화에 주의한다.

spread-spread-spread

③ all over the town

온 동네에

④ dread

〈두려워하다, 겁내다〉 다음에 to 부정사와 동명사를 모두 목적어로 취할 수 있다.

I dread to go out at night. 〈밤에 나가기가 무섭다〉

⑤ going out

〈go out〉은 〈나가다, 외출하다〉

문장으로 클릭클릭

턱수염이 멋지군요.

You have a nice beard.

유 해버 나이스 비어드.

• beard : 턱수염 • mustache : 콧수염 • whiskers : 구레나룻

오 이런, 스푼을 떨어트렸네.

Oh, dear. I dropped my spoon.

오, 디어r. 아이 쥬뢉트 마이 스뿌운.

• dear : 감탄사로 놀람, 당황, 슬픔, 동정을 나타내고 뜻은 〈어머나, 저런, 아이구〉이다. 또는 편지의 서두에서 Dear Jane(친애하는/사랑하는 제인에게)로 쓰인다.

그들이 강으로 향하고 있다.

They are heading for the river.
데이 아r 헤딩 포 더 뤼버r.
• head for : 동사로 〈~로 향하고 있다〉

실패에 대한 두려움이 점점 가까이 나에게 다가오고 있다.

The fear of failure is coming nearer to me.
더 f이어r 오브 f에일리어 이즈 커밍 니어뤄어r 투 미.
• nearer : near의 비교급이며, 부사로 〈가까이〉의 뜻이다.

버터 바른 빵을 먹어라.

Have some bread and butter.
해브 썸 브뤠드 앤 버러r.
• bread and butter은 〈버터 바른 빵〉이다.

작년에 그 도시에 갔다.

Last year / I went to the city.
라아스 티이어r 아이 웬 투 더 씨리.
• last year는 작년이므로 반드시 과거시제(went)와 같이 쓰고, next year는 미래시제와 같이 쓴다.

아주 재미있는 이야기를 읽었어.

I read a very interesting story.
아이 뤠러 베리 인터뤠스팅 스또오r리.
• read[red]는 read[ri:d]의 과거로 현재일 때와 과거일 때 발음이 서로 다른 점에 주의한다.

그의 입에서 냄새가 났다.

He had bad breath.
히 해드 배앤 브뤠쓰
• breath : 숨, 호흡
• a bad breath : 입 냄새가 심하다

작문으로 싹싹

1 빵 좀 주세요.

Give me ....

2 내년에 나는 30살이 된다.

I'll be 30 ....

3 오늘 저녁에 외출하는 게 어때?

How about .... tonight?

4 그녀는 중국음식을 좋아하니?

.... like Chinese food?

5 차가 참 멋지네요.

You have .... nice ....

정답 1 some bread 2 next year 3 going out 4 Does she 5 a, car

퀴즈! 퀴즈!

1 Please don't spr.....d the news. [e] 그 소식을 퍼뜨리지 마라.

2 I dr.....d dreaming of the monster. [e] 그 괴물 꿈을 꿀까 봐 두렵다.

3 I r.....d this book, [e] but I didn't read that book. 이 책은 읽었는데, 저 책은 읽지 않았어.

4 He has a long b.....rd. [iə] 그는 턱수염이 길다.

5 It is coming n.....r to us. [iə] 우리에게 다가오고 있어.

정답 1 ea 2 ea 3 ea 4 ea 5 ea

Unit 20

ew는 [uː] / [juː]로

Matthew has got a letter from Drew.

매쓔 해즈 가러 레러r f럼 쥬루.

발음 연습

ew → [uː] / [juː] : [uː]는 입술을 동그랗게 모아 쭉 내민 상태에서 [우-] 소리를 낸다. [juː]는 [이유]라고 발음하지 않고 [유-]라고 소리를 내야 자연스러운 발음이 된다.

ew[uː] 우-	blew 블루	drew 쥬루	grew 그루	threw 쓰루	screw 스크루
ew[juː] 유-	news 뉴우스	knew 뉴우	few f유	nephew 네f유	view v유

대화로 톡톡

A What's up? You look great, Matthew.
와츠 엎? 유 룩 그뤠잍, 매슈.

B I've just got a letter from Drew.
아브 줘스 가러 레러r f롬 쥬루.

A Great. Is that good news?
그뤠잍. 이즈 댙 굳 뉴우스?

B Sure. She's coming here to New York next week.
슈어. 쉬즈 커밍 히어 투 뉴요r옥 넥스트 위이크.

A 무슨 일이야? 기분이 좋아 보이는데, 매튜.
B 방금 드루한테 편지를 받았어.
A 좋겠다. 좋은 소식이니?
B 응, 다음 주에 여기 뉴욕에 온대.

단어

up 일이 생겨, 일어나
look ~해 보이다

단어 및 문법 설명

① What's up?

〈무슨 일이야?〉 또는 인사말로 〈요즘 어때, 잘 지냈어?〉의 뜻으로 〈How are you doing?〉과 바꾸어 쓸 수 있다.

② I've just got

〈I have just got〉의 줄임 말로 〈have+과거분사〉의 형태의 현재완료 구문이다.
뜻은 〈막~ 하였다〉로 상태나 동작의 완료를 나타낸다.
get-got-got

③ Drew

여자이름이지만, drew는 draw(그리다)의 과거이기도 하다.

④ news

〈소식〉은 셀 수 없는 불가산명사이므로 news 앞에 관사를 붙이면 안 된다.
It's a good news. (x)

⑤ She's coming

come은 왕래발착(come, go, leave, arrive)동사 중의 하나로 진행형시제로 미래를 나타낸다.
따라서 next week이라는 미래를 나타내는 부사구와 함께 사용할 수 있다.

문장으로 클릭클릭

나는 뉴욕에 친구가 거의 없다.

I have few friends in New York.
아이 해브 f유 f렌즈 인 뉴요r옥.

• few : 셀 수 있는 명사(friends) 앞에 쓰여 〈거의 없는〉의 뜻으로 부정을 나타내며, 〈a few〉는 긍정을 나타내어 〈약간 있는〉의 뜻인데, 관사의 유무에 따라 뜻이 정반대로 달라지니 주의한다. 반면 little(거의 없는), a little(조금 있는)은 양을 나타내는 셀 수 없는 명사 앞에 쓰인다.

내 조카가 이 그림을 그렸어.

My nephew drew this picture.
마이 네f유 쥬루 디스 픽쳐r.

• draw(그리다)-drew-drawn의 동사변화를 보인다.

그녀가 나에게 손으로 키스를 날려 보냈지.

She blew me a kiss.
쉬 블루 미 어 키쓰.

• blow(불다)-blew-blown

그는 자라서 조종사가 되었어.

He grew up to be a pilot.
히 그루 엎 투 비 어 파이럿.

• grow-grew-grown • grow up : 자라다, 성장하다
• to be는 부사적인 용법의 결과를 나타낸다.

내가 개에게 공을 던졌다.

I threw the ball to my dog.
아 쓰루 더 볼 투 마이 도그.

• throw(던지다)-threw-thrown

나사를 오른쪽으로 돌려라.

Turn the screw to the right.
터언 더 스크루 투 더 롸잍.

• screw : 나사, 나사못(볼트), 나사로 고정하다

그들은 내 견해를 받아들이지 않았다.

They didn't accept my point of view.
데이 디든 억셉 마이 포이너 뷰.

• accept : 받아들이다, 수락하다
• a point of view : 견해, 관점

작문으로 쓱싹

1 한국에 친구가 몇 명 있어.

I have ________ ________ friends in Korea.

2 그걸 내게 던져라.

________ it to me.

3 당신의 견해는 무엇인가요?

What is your ________ ________ ________?

4 그걸 왼쪽으로 돌려라.

________ ________ to the left.

5 너 언제 돌아올 거니?

When ________ you ________ back?

정답 1 a few 2 Throw 3 point of view 4 Turn it 5 are, coming

퀴즈! 퀴즈!

1 He gr____ very angry with me. [uː] 그가 내게 매우 화났어.

2 This is my neph____. [ju] 얘가 내 조카야.

3 I have great n____s for you. [ju] 너에게 굉장한 소식이 있다.

4 Somebody dr____ a lion on here. [uː] 누가 여기에 사자를 그려놓았어.

5 I kn____ that you did it. [ju] 네가 그랬다는 거 알고 있었어.

정답 1 ew 2 ew 3 ew 4 ew 5 ew

Unit 21

i는 [ai]로

Everything is fine except Michael.

에브뤼씽 이즈 f화아인 익셉트 마이클.

발음 연습

i → [ai] : 우리말의 [아이] 소리처럼 발음하는 것이 아니라, 영어 이중모음을 발음할 때에는 중심이 되는 모음에 주안점을 두고 발음을 해야 한다. [ai]는 [아] 소리를 길고 크게 발음하고 [이] 소리는 작고 짧게 발음하도록 한다.

i[ai] 아이				
fine f화아인	line 라아인	kind 카아인드	wise 와이즈	light 라잍
time 타아임	aisle 아일	bright 브롸잍	drive 쥬라이브	guide 가이드

대화로 톡톡

A So, how's your family, Simon?
쏘우, 하우즈 유어r f홰밀리, 싸이몬?

B They are fine except my kid, Michael.
데이 아r f화아인 익셉트 마이 킫, 마이클.

A What's wrong with him?
왓츠 롱 위드 힘?

B He has the flu.
히 해즈 더 f플루.

But he's getting better today.
벋 히즈 게링 베러r 투데이.

A 그래, 가족들 모두 안녕하시죠, 싸이몬?

B 아들 녀석 마이클 빼고는 다 잘 지내요.

A 아이에게 무슨 일 있나요?

B 감기에 걸렸거든요. 근데 오늘은 좋아졌어요.

단어

fine 좋은, 잘 지내는
except ~은 빼고
kid 아이

단어 및 문법 설명

① So

문두에서 감탄사적으로 〈그럼, 자아, 그래〉의 뜻이다.

② how's

상대의 안부나 감정, 날씨, 건강 등의 일시적 상태를 묻는 말이다.

How are you feeling? (기분이 어떠신가요?)

How's the weather? (날씨가 어떤가?)

How's your headache? (두통은 어떤가?)

③ except

전치사로 〈~이외에는, ~을 제외하고는〉의 뜻이다.

④ wrong

형용사로 〈틀린, 잘못된〉의 뜻으로 w가 묵음이다.

⑤ flu

influenza의 줄임 말로 〈유행성 감기〉를 말한다.

⑥ better

good의 비교급이다. good-better-best

문장으로 클릭클릭

끊지 말고 기다리세요.

Hold the line, please.

호울 더 라인, 플리즈.

• line : 전선, 전화선, 통신선

어떤 종류의 영화를 좋아하세요?

What kind of movie do you like?

왓 카인 더 무비 두 유 라잌?

• kind : 형용사로는 〈친절한〉, 명사로는 〈종류〉

그 아이는 영리한 소년이야.

The kid is a bright boy.

더 킫 이저 브롸일 보이.

• kid=child : 어린 아이나 흔히 어린 짐승을 지칭한다.

천천히 하세요.

Take your time.

테이 큐어r 타임.

• time은 앞에 정관사 the의 유무에 따라 뜻이 달라진다.

: Do you have time?(시간 있으세요?)

Do you have the time?(몇 시에요?)

창가 쪽으로 드릴까요? 통로 쪽으로 드릴까요?

Would you prefer a window or an aisle seat?

우쥬 프리f어 어 윈도우 오어 런 아일 씨이트?

• 티켓을 살 때 좌석의 위치를 묻는 표현이다.

• prefer : 선호하다, ~을 더 좋아하다

불이 충분히 밝지 않아.

The light is not bright enough.

더 라일 이즈 낫 브롸일 이너f.

• bright : 밝은, 영리한, 빛나는, 눈부신

• light : 명사로는 〈불, 빛〉이고, 형용사로는 〈가벼운〉의 뜻이다.

현명한 사람은 음주 후에 절대 운전 안 하지.

A wise man can never drive after drinking.

어 와즈 맨 큰 네버r 쥬롸이브 애f터r 쥬링킹.

• driving after drinking : 음주운전

관광 가이드로 일하고 싶으세요?

Do you want to work as a tour guide?

두 유 원 투 워어r크 애저 투어 가이드?

• want 다음에는 목적어로 동사가 올 경우 to 부정사를 써야 한다.

작문으로 쏙쏙

1 오늘은 기분이 어떠세요?

.... do you feel today?

2 지금 통화 중인데요.

The .... is busy.

3 실례합니다만 지금 몇 시인가요?

Excuse me, do you have ....?

4 어떤 종류의 노래를 좋아하니?

What .... songs do you like?

5 천천히 하시지요.

Take your ....

정답 1 How 2 line 3 the time 4 kind of 5 time

퀴즈! 퀴즈!

1 The boy was very k......nd to me. [ai] 그 아이는 나에게 매우 친절했어.

2 Do you have t......me? [ai] 시간 있으세요?

3 An a......sle seat, please. [ai] 통로 쪽으로 주세요.

4 The box is really l......ght. [ai] 상자가 정말 가볍네.

5 The old man wasn't w......se. [ai] 그 노인은 현명하지 않았지.

정답 1 i 2 i 3 i 4 i 5 i

Unit 22

O는 [ou]로

My hope is to study in Rome.

마이 호웁 이즈 투 스떠리 인 로움.

발음 연습

o → [ou] : 입술을 앞으로 쭉 내밀어 [오우]로 이중모음 발음을 해야 한다. 흔히 [오]로 단모음 소리를 내는 경우가 있는데 o가 [ou] 소리가 나는 이중모음 임에 주의하도록 한다.

o [ou] 오우				
both 보우쓰	those 도우즈	most 모우스트	hope 호우프	cold 코울드
told 토울드	old 오울드	notebook 노웉 북	Rome r로움	zero 지어r로우

대화로 톡톡

A My hope is to study in Rome.
마이 호웊 이즈 투 스떠리 인 로움.

B Sounds good. What will you study there?
싸운즈 굳. 왙 월 유 스떠리 데어r?

A Fashion design.
f애션 디자인.

B My friend told me that Italian people are stylish.
마이 f렌 토울 미 댙 이탤리언 피플 아r 스따일리쉬.

Is that true?
이즈 댙 츄루?

A 제 희망은 로마에서 공부하는 거예요.
B 그거 좋겠네요. 무얼 공부하실 건가요?
A 패션 디자인요.
B 제 친구가 그러던데 이태리 사람들은 멋쟁이라면서요? 그게 사실인가요?

단어

hope 희망
Italian 이탈리아인의
true 사실의, 진실의

단어 및 문법 설명

① is to study

be 동사 is 뒤에 온 to 부정사는 보어이다.
동명사 studying를 써도 의미는 똑같다.

② in Rome

장소를 나타내는 전치사 in은 비교적 크고 넓은 장소 앞에서 쓰고, at은 비교적 작고 좁은 장소 앞에서 쓴다.
I live at a small town in Rome. (나는 로마의 조그마한 마을에 살아.)
문장에서 두 개의 장소가 이어질 때, 보다 작은 장소를 먼저 쓴다.

③ Sounds good

〈That sounds good.〉으로 구어체에서는 주어 That을 생략해서 많이 쓴다.

④ will

미래를 나타내는 조동사이다.

⑤ told

tell(말하다)의 과거, 접속사 that이 두 개의 문장을 하나로 연결한 복문이다. 이 때 접속사 that은 생략이 가능하고 접속사 앞의 문장을 주절, 뒤의 문장을 종속절이라고 한다.

⑥ stylish

유행의, 멋진, 현대적인

문장으로 클릭클릭

나는 그들 두 사람을 다 만났어.

I met both of them.

아이 멧 보우쓰 어브 뎀.

- both는 〈둘 다〉의 뜻으로 〈both of them〉 또는 〈them both〉으로 쓴다.

저 차들은 매우 비싸다.

Those cars are very expensive.

도우즈 카아r즈 아r 베리 익쓰펜씨브.

- those는 that의 복수형으로 멀리 있는 사물들이나 사람들을 가리킨다. 반면 these는 this의 복수형으로 가까이 있는 사물들이나 사람들을 가리킨다. those나 these는 복수이므로 동사도 복수임에 주의한다.

어느 계절을 가장 좋아하니?

What season do you like most?

왇 씨이즌 두 유 라잌 모우스트?

대부분 사람들은 돈을 좋아하지.

Most people like money.

모우스트 피플 라잌 머니.

- most가 형용사일 경우 many나 much의 최상급으로 〈가장 많은, 가장 ~한〉의 뜻이다. most가 명사일 경우에는 〈대부분, 과반수〉의 뜻이다.

독감에 걸렸어.

I have a bad cold.

아이 해버 배앤 코울드.

- cold가 형용사일 경우 〈추운, 차가운〉, 명사일 경우 〈추위, 한기, 감기〉

내 차는 10년 되었다.

My car is 10 years old.

마이 카아r 텐 이이어r즈 오울드.

- old : 나이 먹은, 낡은

작문으로 쓱싹

1 나는 너희 둘 다 좋아해.

I like ______ ______.

2 너희 삼촌 몇 살이니?

______ ______ is your uncle?

3 이것들은 나의 신발이야.

______ ______ my shoes.

4 대부분 소년들은 야구를 좋아한다.

______ ______ like baseball.

5 어서 드세요. 수프가 식고 있어요.

Go ahead. Your soup is getting ______.

정답 1 you both 2 How old 3 These are 4 Most boys 5 cold

퀴즈! 퀴즈!

1 Who are th___se guys? [ou] 저 사람들은 누구야?

2 The building is 100 years ___ld. [ou] 저 건물은 100년 되었어.

3 He is reading his n___tebook. [ou] 그는 자기 공책을 읽고 있어.

4 She got zer___ in math. [ou] 그녀는 수학에서 0점 받았어.

5 Who t___ld you that? [ou] 누가 너에게 그걸 말했지?

정답 1 o 2 o 3 o 4 o 5 o

Unit 23

oa는 [ou]로

Mr. Hoad! You're soaking wet.

미스터r 호우드! 유어r 쏘우킹 웰.

발음 연습

oa → [ou] : 입술을 앞으로 쭉 내밀어 동그랗게 만든 상태를 유지하면서 [오우] 소리를 낸다. 이중모음 [ou]는 [오] 소리에 중점을 두어 크고 강하게 발음한다.

oa[ou] 오우					
	road 로우드	boat 보우트	coat 코우트	goat 고우트	goal 고울
	toast 토우스트	load 로우드	foam f오움	soak 쏘우크	throat 쓰로우트

대화로 톡톡

A Mr. Hoad! You're soaking wet.
미스터r 호우드! 유어r 쏘우킹 웰.

What happened?
왙 햅쁜드?

B I was just walking in the rain.
아이 워즈 줘스트 워킹 인 더 뤠인.

A What? Take off that coat first.
왙? 테이 커프 댓 코우트 f어r스트.

B Very cold. Can I have some hot water, please?
베리 코울드. 캔 아이 해브 썸 핱 워러r, 플리즈?

A 호우드씨! 흠뻑 젖으셨군요.
무슨 일이세요?
B 비 맞고 좀 걸었어요.
A 네? 우선 그 코트 벗으세요.
B 무척 춥군요.
뜨거운 물 좀 주시겠어요?

단어

wet 젖은
happen 일어나다, 발생하다

단어 및 문법 설명

① soaking

soak가 동사로 〈흠뻑 젖다, 적시다, 담그다〉의 뜻이다.
〈be+~ing〉 구조는 현재진행형 시제이다.

② was walking

be 동사가 과거로 과거진행형 시제이다.

③ walk in the rain

빗 속을 걷다

④ take off

〈몸에 걸친 모자, 신발, 옷 등을 벗다〉로 이의 반대는 〈put on〉이다.

⑤ very cold

앞에 주어, 동사 〈It is〉가 생략된 구어적인 표현이다.

⑥ Can I ~, please?

〈~ 해 주시겠어요?〉라는 뜻으로 상대의 허가를 구하는 표현이다.
일반적으로 〈May I ~?〉가 더 공손한 표현이긴 하나, 구어에서는 보통 〈Can I~?〉를 쓴다.

⑦ some

some이 의문문에 쓰일 때에는 상대에게서 yes의 답을 기대한다.

문장으로 클릭클릭

목이 아파요.

I have a sore throat.
아이 해버 쏘어r 쓰로우트.

• sore : 아픈 • throat : 목, 목구멍

염소 한 마리가 길 위에 앉아 있었어.

A goat was sitting / on the road.
어 고우트 워즈 씨링 온 더 로우드.

• sit처럼 〈단모음+단자음〉으로 끝난 단어는 같은 자음을 하나 더 붙이고 -ing를 붙인다.

사람들이 보트에 감자를 싣고 있다.

People are loading potatoes / into the boat.
피플 아r 로우딩 포테이로우즈 인투 더 보우트.

• load : 짐, 짐을 싣다, people이 일반적인 사람을 지칭할 때에는 관사를 쓰지 않으나, 한 나라의 백성, 국민 등을 나타낼 때에는 정관사 the를 명시해야 한다. the Korean people : 한국민들

내 목표는 소설을 쓰는 것이야.

My goal is / to write a novel.
마이 고울 이즈 투 롸이러 너블.

• goal : 목표, 목적, 목적지, 골에 넣다, 득점하다

그들의 행복을 위하여 건배합시다.

Let's make a toast / to their happiness.
레츠 메이 커 토우스트 투 데어r 햅삐니스.

• make/drink a toast to : ~을 위하여 건배하다, 전치사 for가 아니라 to를 쓰는 점에 주의한다. toast : 축배, 건배

여성들은 세수할 때 클렌징 폼을 사용한다.

Women use cleansing foam / when they wash their faces.
위민 유즈 클렌징 f오움 웬 데이 워쉬 데어r f에이씨즈.

• foam : 거품
shaving foam : 면도 거품
when은 시간을 나타내는 접속사로 〈~할 때〉의 뜻이다.

작문으로 쓱싹

1 나는 비 맞고 걷는 것을 좋아해.

I like walking ....

2 신발을 벗으시겠어요?

Will you .... your shoes?

3 트럭에 무엇을 싣고 있나요?

What are you .... into the truck?

4 우리는 축구를 하고 있었어요.

We .... soccer.

5 수프 좀 더 주시겠어요?

.... have some more soup?

정답 1 in the rain 2 take off 3 loading 4 were playing 5 Can/May I

퀴즈! 퀴즈!

1 What is your g....l in life? [ou] 당신은 삶의 목표가 무엇인가요?

2 Let's drink a t....st to them. [ou] 그들을 위하여 건배합시다.

3 I want to go b....ting. [ou] 보트 타러 가고 싶다.

4 Do you have a sore thr....t? [ou] 목이 아프신가요?

5 I was s....king wet last night. [ou] 간밤에 흠뻑 젖었거든요.

정답 1 oa 2 oa 3 oa 4 oa 5 oa

Unit 24

ie는 [ai]로

Do you know how to tie a necktie?

두 유 노우 하우 투 타이 어 넥타이?

발음 연습

ie → [ai] : 입을 크게 벌려 [아] 소리를 내다가 입술을 양 옆으로 벌리며 [이] 소리를 낸다. [아] 소리를 크고 강하게 발음하다가 자연스럽게 [이] 소리로 이어지도록 한다.

ie[ai] 아이					
	pie 파이	tie 타이	die 다이	tried 츄라이드	necktie 넥타이
	fried f후라이드	lie 라이	untie 언타이	magpie 맥파이	dried 쥬라이드

대화로 톡톡

A Do you know how to tie a necktie?
두 유 노우 하우 투 타이 어 넥타이?

B Yeah. It's easy.
야. 이츠 이지.

A Will you show me how to do it?
윌 유 쇼우 미 하우 투 두 잍?

B Sure. I've tried many times for Danny.
슈어. 아브 츄라이드 메니 타임즈 포 대니.

A 넥타이 매는 거 아니?
B 응. 그거 쉬워.
A 어떻게 하는 지 보여줄래?
B 그래. 대니에게 많이 매 줘 봤지.

단어

tie 묶다, 매다
easy 쉬운
show 보여주다

단어 및 문법 설명

① how to tie

how 다음에 to부정사가 와서 〈~하는 방법〉을 뜻한다.
〈의문사+to 부정사〉는 〈의문사+주어+should+동사의 원형〉으로 전환이 가능하다.
I don't know what to say. (무슨 말을 해야 할지 모르겠다.)
= I don't know what I should say.

② It

〈how to tie a necktie〉를 받는 대명사이다.

③ show me how to do it

show는 간접목적어(me)와 직접목적어(how to do it)를 모두 필요로 하는 수여동사이다.
수여동사란 이처럼 목적어를 두 개 필요로 하는 동사이다.

④ sure

부사로 〈물론, 그럼, 확실히〉의 뜻으로 〈of course〉나 certainly와 바꾸어 쓸 수 있다.

⑤ I've tried many times

현재완료의 경험을 나타내는 구문이다. tried는 try의 과거분사로 y를 i로 바꾸고 -ed를 붙였다.
try-tried-tried

문장으로 클릭클릭

애플 파이 좋아하세요?

Do you like apple pies?
두 유 라익 앱쁠 파이즈?
• 의문문의 주어가 I, you, 복수일 경우에는 Do~로 시작한다.

죽기 전에 너를 한번 보고 싶다.

I'd like to see you once before I die.
아드 라익 투 씨이 유 원스 비f오어r 아이 다이.
• I'd like to : 〈I would like to〉의 줄임 말로 뜻은 〈~하고 싶다〉로 조동사 would의 소망을 나타낸다
• before(~하기 전에)는 시간을 나타내는 접속사이다.

그녀가 가장 좋아하는 음식은 계란 프라이다.

Her favorite food is fried eggs.
허r f에이보뤌 f후드 이즈 f롸이드 에그즈.
• fried는 fry의 과거분사로 형용사화되어 〈기름으로 튀긴〉의 뜻이다.

차가운 바닥에 눕지 마라.

Don't lie on the cold floor.
도운 라이 온 더 코울드 f로어r.
• lie(~에 놓다, 두다, 눕다)-lay-lain
• lie(거짓말하다)-lied-lied, 명사로는 〈거짓말, 허위〉, liar는 〈거짓말쟁이〉

그 리본을 풀어라.

Please untie the ribbon.
플리즈 언타이 더 뤼본.
• tie : 묶다 • untie : 풀다

그녀가 타월로 머리를 닦았다.

She dried her hair with a towel.
쉬 쥬라이드 허r 헤어r 위러 타월.
• dry(말리다)-dried-dried

아침마다 까치 때문에 잠을 깬다.

Every morning magpies wake me up.
에브뤼 모r닝 맥파이즈 웨익 미 엎.
• wake someone up : ~를 깨우다

작문으로 싹싹

1 아침 식사로 계란 프라이 하나 먹었다.

I had a ________ egg for breakfast.

2 나가기 전에 머리를 말려라.

________ your hair before you go out.

3 어디로 가야 할지 모르겠다.

I don't know where ________ ________.

4 거짓말하지 마라. 그건 나쁜 거야.

Don't tell ________. It's bad.

5 거기에 가고 싶다.

I ________ like to go there.

정답 1 fried 2 Dry 3 to go 4 lies 5 would

퀴즈! 퀴즈!

1 Why should I d____? [ai] 왜 내가 죽어야 하나?

2 This p____ is really good. [ai] 이 파이 정말 맛있다.

3 Don't l____ about it. [ai] 그 일에 대해 거짓말하지 마라.

4 Will you unt____ my shoelaces? [ai] 내 신발 끈을 풀어줄래?

5 I've already tr____d it. [ai] 벌써 해 봤는데요.

정답 1 ie 2 ie 3 ie 4 ie 5 ie

Unit 25 oi는 [oi]로

Can I join you, Moira?

캔 아이 죠인 유, 모이롸?

발음 연습

oi → [oi] : [o]는 입술을 동그랗게 모아 [오] 소리를 내고, [i]는 입술을 양 옆으로 벌려서 [이] 소리를 낸다. 강세를 받는 [오] 소리에 중점을 두면서 [이] 소리는 비교적 약하고 짧게 발음한다.

oi[oi] 오이				
oil 오일	voice v오이스	boil 보일	coin 코인	join 죠인
spoil 스뽀일	choice 쵸이스	disappoint 디스어포인트	soil 쏘일	poison 포이즌

대화로 톡톡

A I will visit Chicago, Illinois next month.
아 윌 비짇 쉬카고우, 일리노이 넥스 먼쓰.

B What's there?
왓츠 데어r?

A An old coin exhibition will be held.
언 오울드 코인 엑써비션 윌 비 헬드.

B Oh, really? Can I join you, Moira?
캔 아이 죠인 유, 모이롸?

A 다음 달에 일리노이주 시카고에 갈 거야.
B 거기 뭐가 있는데?
A 옛날 동전 전시회가 열리거든.
B 정말? 같이 가도 되니, 모이라?

단어

coin 동전
exhibition 전시회
held hold(개최하다)의 과거

단어 및 문법 설명

① next month

미래를 나타내는 부사구이므로 미래 시제 will(~할 것이다)을 써야 한다.

③ an old coin

모음(a, e, i, o, u)으로 시작하는 단어(old) 앞에서는 관사 an을 써야 한다.

④ exhibition

〈전시회, 열람회〉의 뜻으로 동사는 exhibit(전시하다)이다.

⑤ be held

〈열리다, 개최되다〉의 뜻으로 수동태 구조(be+과거분사)이다. 태에는 능동태와 수동태가 있는데, 능동태는 주어가 목적어에게 어떤 행동을 스스로 가하는 경우를 말하고, 수동태는 주어가 어떤 행동의 대상이 되어 행동을 당하는 경우를 말한다.

I write a letter. (나는 편지를 쓴다-능동태)

A letter was written by me. (편지가 나에 의해 쓰여진다-수동태)

⑥ join

〈함께 가다/하다, 가입, 가담하다〉

문장으로 클릭클릭

기름 값이 많이 올랐다.

The price of oil has gone up.
더 프롸이스 어브 오일 해즈 건 업.

• go up : 값이 오르다, 〈has gone〉은 현재완료의 구조로 완료용법이다.

선택은 너에게 달려 있다.

The choice is up to you.
더 쵸이스 이즈 엎 투 유.

• up to : ~에게 달려있는

우리는 그 소식을 듣고 실망했다.

We were disappointed at the news.
위 워r 디스어포이닛 엣 더 뉴우스.

• disappoint : ~를 실망시키다 • be disappointed at : ~에 실망하다
• 수동태 구조 〈be+과거분사〉로 되어 있으나 행위를 나타내는 동작주가 by가 아님에 주의하여 숙어적인 표현으로 기억해야 한다.

우리 개가 가스 중독으로 죽었다.

My dog was poisoned to death by gas.
마이 도그 워즈 포이즌 투 데쓰 바이 개스.

• be poisoned : 주어가 by 이하에 의하여 중독되다

개미는 흙 속에서 산다.

Ants live in the soil.
앤츠 리브 인 더 쏘일.

• 종족전체를 나타내는 표현으로 ants, an ant, the ant를 쓰다
An/The ant lives in the soil.

그녀의 목소리는 아름답다.

She has a sweet voice.
쉬 해저 스위잇 보이쓰.

아이들을 망치지 마시오.

Don't spoil your children.
도운 스뽀일 유어r 췰드런.

• spoil : 아이를 너무 귀여워하여 버릇없게 만들다, 망쳐 놓다, 못쓰게 하다. spoil-spoilt-spoilt

수프가 끓고 있다.

Soup is boiling.
쑤웊 이즈 보이링.

• boil : 끓다, 끓이다.

작문으로 쓱싹

1 물이 곧 끓을 거야.

Water .... soon.

2 그건 너에게 달려 있어.

It's .... you.

3 나를 실망시키지 마라.

Don't .... me.

4 기름 값이 또 오를 거야.

The price of oil will .... again.

5 큰 행사가 다음 주에 열릴 거야.

A big event will .... next week.

정답 1 will boil 2 up to 3 disappoint 4 go up 5 be held

퀴즈! 퀴즈!

1 He has a loud v.......ce. [oi] — 그의 목소리는 크다.

2 It wasn't my ch.......ce. [oi] — 그건 내 선택이 아니었다.

3 The interview result disapp.......nted me. [oi] — 인터뷰 결과가 나를 실망시켰다.

4 Somebody p.......soned into his food. [oi] — 누군가 그의 음식에 독약을 탔다.

5 The bad news sp.......lt my day. [oi] — 그 나쁜 소식이 나의 하루를 망쳤다.

정답 1 oi 2 oi 3 oi 4 oi 5 oi

Unit 26

ou는 [au]로

I can't stand the loud sounds any more.

아이 캐앤 스땐 더 라우드 싸운즈 에니 모어r.

발음 연습

ou → [au] : 먼저 입을 크게 벌려 [아] 소리를 내다가 바로 입술을 동그랗게 말아 [우] 소리와 자연스럽게 연결하여 발음한다. [아] 소리를 강하고 크게 발음하고 [우] 소리는 다소 작고 짧게 발음한다.

ou[au] 아우				
mouth 마우쓰	out 아웉	house 하우스	count 캬운트	sound 싸운드
shout 샤웉	mountain 마운튼	ground 그롸운드	found f아운드	loud 라우드

대화로 톡톡

A So noisy. What's going on out there?
쏘우 노이지. 왙 츠 고우잉 온 아웉 데어r?

B Children are shouting and jumping on the trampoline.
췰드런 아r 샤우링 앤 줨핑 온 더 츄램포울린.

A I can't stand the loud sounds any more.
아이 캐앤 스땐 더 라우드 싸운즈 에니 모어r.

B Please calm down. They're just kids.
플리즈 캄 다운. 데이어r 줘스 키즈.

A 정말 시끄럽군. 밖에 무슨 일이야?
B 애들이 트램폴린 타면서 소리치고 있어.
A 저 시끄러운 소리 더 이상 못 참겠어.
B 진정해. 그저 애들이잖아.

단어

noisy 소란스러운
shout 고함치다
loud 시끄러운
sound 소리

단어 및 문법 설명

① So noisy

앞에 주어, 동사가 생략된 표현이다. 〈It's so noisy.〉가 원래 문장으로 주어 It은 막연히 상황이나 사정을 가리키며 해석을 하지 않는 것이 자연스럽다.

② What's going on?

〈무슨 일이 진행되고 있느냐?〉의 뜻이나 우리말로는 〈무슨 일이야?〉로 해석하는 것이 자연스럽다. 〈What's happening?〉과 바꾸어 쓸 수 있다.

③ are shouting and jumping

지금 현재 진행 중에 있는 진행형 시제(be동사+~ing)이다.

④ I can't stand

stand는 〈참다, 견디다, 인내하다〉의 뜻이다.

⑤ not ~ any more

더 이상 ~ 않다

⑥ calm down

동사로 쓰인 calm은 〈~을 가라앉히다, 차분하게 하다〉의 뜻이다.

문장으로 클릭클릭

사무실 가까운 곳에 괜찮은 곳을 찾았어.

I found a nice place / closer to the office.

아이 f화운 더 나이스 플레이스 클로우저 투 디 아f이쓰.

- found : find(찾다)의 과거, found가 〈설립하다〉의 뜻일 경우에는 found-founded-founded의 동사변화를 보인다.
  He founded our school. (그가 우리 학교를 설립했다.)
- closer : close의 비교급, close to : ~에 가까운

그 소문은 입에서 입으로 퍼졌다.

The rumor spread / from mouth to mouth.

더 루머r 스쁘뤠드 f롬 마우쓰 투 마우쓰.

- from ~ to : ~에서 ~로(까지)

그가 돈을 세고 있다.

He is counting his money.

히 이즈 캬운팅 히스 머니.

- count : 하나 둘 하며 수를 세다, 계산하다, 간주하다, 고려에 넣다
- counter : 계산대, 판매대

한국에서 가장 높은 산은 어느 산인가?

Which is the highest mountain / in Korea?

위취 이즈 더 하이스트 마운튼 인 코뤼어?

- 형용사 high의 최상급은 음절이 하나이므로 뒤에 -est를 붙인다. 이 때 형용사의 최상급 앞에 정관사 the를 붙여야 한다.

운동장에는 많은 소년 소녀들이 있었다.

There were a lot of boys and girls / in the ground.

데어r 워r 어리리 보이즈 앤 거어r얼즈 인 더 그롸운드.

- There were : There는 문장을 유도하는 유도부사로 해석하지 않으며, be 동사 were는 다음에 나오는 주어(a lot of boys and girls)가 복수이므로 동사도 복수를 썼다.

작문으로 싹싹

1 우리 집에 온 걸 환영해.

Welcome to ______ ______.

2 1에서 20까지 세어 보자.

Let's count ______ one ______ twenty.

3 이 세상에서 가장 빠른 동물은 뭐지?

Which is ______ ______ animal in the world?

4 나는 그의 거짓말을 더 이상 참을 수가 없어.

I can't ______ his lies any more.

5 여기 무슨 일이야?

What's ______ ______ here?

정답 1 my house 2 from, to 3 the fastest 4 stand 5 going on

퀴즈! 퀴즈!

1 Watch your m____th. [au] 말조심 하세요.

2 I f____nd my dog in the park. [au] 내 개를 공원에서 찾았다.

3 My h____se has a fine view. [au] 우리 집은 경관이 좋아.

4 He fell on the gr____nd. [au] 그가 땅에 넘어졌다.

5 Stop sh____ting at me. [au] 나에게 소리치지 마.

정답 1 ou 2 ou 3 ou 4 ou 5 ou

Unit 27

ow는 [ou]로

Can I borrow your lawn mower?

캔 아이 바로우 유어r 론 모우어r?

발음 연습

ow → [ou] : 입술을 앞으로 쭉 내밀어 동그랗게 만든 상태를 유지하면서 [오우] 소리를 낸다. 이중모음 [ou]는 [오] 소리에 중점을 두어 크고 강하게 발음한다.

ow[ou] 오우					
	show 쇼우	tomorrow 투마로우	low 로우	know 노우	blow 블로우
	sow 쏘우	borrow 바로우	mow 모우	rainbow 뤠인보우	snow 스노우

대화로 톡톡

A Can I borrow your lawn mower?
캔 아이 바로우 유어r 론 모우어r?

B Sure. Do you know how to use it?
슈어. 두 유 노우 하우 루 유질?

A Yeah. Don't worry.
야. 도운 워뤼.

B Here you are.
히어r 유 아r.
You can bring it back tomorrow.
유 큰 브륑 잍 백 투마로우.

A 잔디 깎는 기계 좀 빌릴 수 있나요?
B 그러죠. 어떻게 쓰는지 알아요?
A 예. 걱정 마세요.
B 여기 있어요. 내일 갖다 주셔도 돼요.

단어
lawn 잔디
worry 걱정하다
bring 가지고 오다

단어 및 문법 설명

① Can I borrow~?

borrow는 내가 상대에게 〈빌리다〉를 말하고, lend는 상대가 나에게 〈빌려주다〉의 뜻이다.
Will you lend me this CD?(이 CD좀 빌려줄래?)

② lawn mower

잔디 깎는 기계로 mow는 동사로 〈잔디를 깎다, ~을 베다〉의 뜻이다.

③ know

목적어를 필요로 하는 타동사로 목적어는 〈how to use it〉이다.

④ how to use it

it은 앞에 나온 명사(lawn mower)의 반복을 피하기 위해 대신 쓰는 대명사이다.

⑤ Here you are.

상대에게 물건을 건네 주면서 하는 표현으로 부사 Here가 문두에 올 경우 주어와 동사가 도치되는 것이 원칙이지만, 주어가 대명사일 경우에는 도치하지 않는다.
Here comes the bus. (여기 버스가 온다.) : 부사+동사+주어

문장으로 클릭클릭

나에게 그 그림을 보여주겠니?

Will you show me the picture?
월 유 쇼우 미 더 픽처r?

- show는 수여동사로 4형식에 쓰이는 동사이다. 4형식 구조는 〈주어+동사+간접목적어(~에게)+직접목적어(~를)〉로 목적어를 두 개 필요로 하는 동사를 수여동사라고 한다.

천정이 낮다.

The ceiling is low.
더 씨이링 이즈 로우.

- ceiling : 천정
- low : 낮은, 적은

코를 풀어서는 안 된다.

You should not blow your nose.
유 슏 낱 블로우 유어r 노우즈

- 조동사의 부정은 조동사 다음에 부정어 not또는 never를 쓴다.

정말로 아름다운 무지개구나.

What a beautiful rainbow it is!
와러 뷰티f훌 뤠인보우 이리즈!

- What으로 시작하는 감탄문의 어순은 〈what+a/an+형용사+명사+주어+동사!〉인데, 서로 알 수 있는 대상일 경우에는 주어, 동사의 생략이 가능하다.

작년 겨울에 눈이 많이 내렸다.

We had much snow / last winter.
위 해드 머취 스노우 라아슽 윈터r.

- we는 일반적인 사람을 나타내므로 해석하지 않아도 되며, snow는 셀 수 없는 명사이므로 much(많은)의 수식을 받는다.
- last winter는 과거를 나타내는 부사구이므로 문장의 시제는 과거(had)이다.

그들이 씨를 뿌리고 있다.

They are sowing the seeds.
데이 아r 쏘우잉 더 씨이즈.

- sow : 씨를 뿌리다

작문으로 쓱싹

1 여기 있어요.

Here ....

2 코 풀지 마라.

.... your nose.

3 참으로 화창한 날씨구나!

.... fine day (it is)!

4 펜 좀 빌릴 수 있나요?

Can I .... a pen?

5 돈 좀 빌려 줄 수 있니?

Will you .... me some money?

정답 1 you are 2 Don't blow 3 What a 4 borrow 5 lend

퀴즈! 퀴즈!

1 Sh...... me your hat. [ou] 네 모자를 보여 줘.

2 His voice is very l...... . [ou] 그의 목소리는 매우 낮다.

3 There's a rainb...... in the sky. [ou] 하늘에 무지개가 떴다.

4 It is sn......ing very hard. [ou] 눈이 아주 많이 내리고 있어.

5 What are you doing tomorr......? [ou] 내일 뭐 할거니?

정답 1 ow 2 ow 3 ow 4 ow 5 ow

Unit 28 oy는 [oi]로

Roy! Isn't this toy yours?

로이! 이즌 디스 토이 유어r즈?

발음 연습

oy → [oi] : [o]는 입술을 동그랗게 모아 [오] 소리를 내고, [i]는 입술을 양 옆으로 벌려서 [이] 소리를 낸다. 강세를 받는 [오] 소리에 중점을 두면서 [이] 소리는 비교적 약하고 짧게 발음한다.

oy[oi] 오이					
	boy 보이	toy 토이	joy 조이	Roy r로이	enjoy 인조이
	oyster 오이스터	employ 임플로이	soy 쏘이	destroy 디스츄로이	coy 코이

대화로 톡톡

A Roy! Isn't this toy yours?
로이! 이즌 디스 토이 유어r즈?

B Not any more. I gave it to that little boy.
낱 에니 모어r. 아이 게이 빝 투 댙 리를 보이.

A I thought you liked it a lot.
아이 쏱 츄 라이 틸 어 랕.

B I'm a big boy now.
아임 어 빅 보이 나우.

A 로이! 이 장난감 네꺼 아니니?
B 이젠 아네요. 저 꼬마 애한테 주었어요.
A 네가 그걸 아주 좋아하는 줄 알았는데.
B 저는 이제 형아에요.

단어

toy 장난감
yours 너의 것
thought think(생각하다)의 과거

단어 및 문법 설명

① Isn't this toy yours?

부정의문문에 대한 응답은 긍정의문문에 대한 응답과 마찬가지의 응답을 한다. 즉 의문문이 긍정이든 부정이든 그에 대한 응답에는 차이가 없다.
〈Are you hungry?(배 고프니?)〉에 대한 응답으로 배가 고프다고 말하고 싶으면,
〈Yes, I am.(응 그래)〉라고 응답을 한다.
마찬가지로 〈Aren't you hungry?(배 고프지 않니?)〉라는 질문에 배가 고프다고 말하고 싶을 경우,
〈Yes, I am.(응, 배 고파)〉라고 응답을 한다.

② Not any more

= no more = not any longer = no longer 〈더 이상 ~ 않다〉

③ I thought you liked it a lot.

주절 〈I thought〉 다음에 종속절 〈you liked it a lot〉을 연결해 주는 접속사 that을 생략한 복문이다. 이처럼 that절이 타동사 thought의 목적절(명사절)이 될 경우 접속사 that을 흔히 생략하기도 한다.

④ it

앞에 나온 명사 toy를 다시 받는 대명사이다.

⑤ to that little boy

that은 멀리 있는 사람을 지칭하는 지시형용사이다.

문장으로 클릭클릭

여행은 어떠셨나요?

How did you enjoy your trip?
하우 디쥬 인죠이 유어r 츄륍?

• enjoy : ~을 즐기다, 다음에 목적어로 동사가 오면 동명사를 써야 한다.
I enjoy cooking. (나는 즐겨 요리해.)

그녀의 눈이 기쁨으로 반짝였다.

Her eyes were bright with joy.
허r 아이즈 워r 브롸잍 위드 죠이.

• 주어(eyes)와 동사(were)는 서로 수를 일치시켜야 한다.

나는 굴을 좋아하지 않아. 너는 어때?

I don't like oysters. How about you?
아이 도운 라잌 오이스터r즈. 하우 어바웉 유?

• How about you? : 상대의 의견을 물어 볼 때 쓰는 표현이다.

만약 그가 정직하다면, 나는 그를 고용할 텐데.

If he were honest, I would employ him.
이f 히 워r 아니스트, 아이 욷 엠플로이 힘.

• 가정법 과거는 현재 사실의 반대를 나타낸다. 따라서 가정법 과거는 〈만약 ~라면, ~일텐데〉로 시제가 현재인 점에 주의한다. 가정법 과거의 구조는 〈If+주어+과거형동사, 주어+would+동사의 원형〉이다.

• employer : 고용인 • employee : 피고용인

그 집은 화재로 완전히 파괴되었다.

The house was completely destroyed by fire.
더 하우스 워즈 컴플리틀리 디스츄로이드 바이 f이어r.

• 〈be+과거분사〉의 수동태 구조이다.
• completely(완전히, 철저하게)는 be 동사와 과거분사 사이에 위치한다.

간장을 좀 넣어라.

Put some soy sauce in it.
풑 썸 쏘이 쏘스 이닡.

• soy sauce : 간장

그녀는 늘 자기 나이에 대해 좀처럼 말을 하려 하지 않는다.

She's always coy about her age.
쉬즈 올웨이즈 코이 어바웉 허r 에이쥐.

• coy : 내숭을 떠는, 수줍어하는

작문으로 싹싹

1 나는 음악을 즐겨 들어.

I ______ listening to music.

2 그를 고용하실 건가요?

Are you going to ______ him?

3 만약 내가 너라면, 나는 거기에 가지 않을 텐데.

If I ______ you, I wouldn't go there.

4 그것에 대해 너무 수줍어하지 마라.

Don't be so ______ about it.

5 덥지 않으세요?

______ you feeling hot?

정답 1 enjoy 2 employ 3 were 4 coy 5 Aren't

퀴즈! 퀴즈!

1 Enj___ yourself. [oi] 재미있게 보내라.

2 The company empl___s only women. [oi] 그 회사는 여성 만을 고용한다.

3 I don't want to destr___ your life. [oi] 나는 네 삶을 파괴하고 싶지 않다.

4 This s___ sauce tastes very good. [oi] 이 간장은 매우 맛이 있다.

5 ___sters are plentiful in winter. [oi] 굴은 겨울에 많이 난다.

정답 1 oy 2 oy 3 oy 4 oy 5 Oy

Part C

자음

FIRST STEP ENGLISH

Consonants

Unit 01 b와 v

Aren't you going to buy a new van?

안츄 고우잉 투 바이 어 뉴 밴?

발음 연습

[b] / [v] : [b]는 윗입술과 아랫입술을 맞물려 다물었다가 [버] 소리가 입술 밖으로 퍼지듯이 음을 짧게 낸다. [v]는 위아래 입술이 닿지 않고 아랫입술 안쪽을 살짝 물었다가 떼면서 [버] 소리를 낸다. 이 때 주의할 점은 [b]는 양 입술을 붙여 내는 소리지만, [v]는 절대 입술을 붙여서는 안 된다는 점이다.

b[b] 버	bet 벳	best 베스트	base 베이스	bury 베뤼	boat 보우트
v[v] 버	vet v엘	vest v에스트	vase v에이스	very v에뤼	vote v오우트

대화로 톡톡

A Aren't you going to buy a new van?
안츄 고우잉 투 바이 어 뉴 밴?

B No, I can't afford to buy one.
노우, 아이 캐앤 어f오r 투 바이 원.

A I bet they are offering a low price now.
아이 벨 데이 아r 아f어링 어 로우 프라이스 나우.

B But our old van is not so bad.
벌 아우어r 오울드 밴 이즈 낱 쏘우 배앤.

A 새 밴 사지 않을 거야?
B 그래. 그럴 형편이 안돼.
A 틀림없이 저렴한 가격으로 지금 판매 중에 있는데.
B 하지만 우리 낡은 밴도 그다지 나쁘진 않아.

단어

afford ~을 할 수 있다
offer 제안하다
price 가격

단어 및 문법 설명

① Aren't you going to

〈~하지 않을 건가요?〉로 〈be going to〉는 가까운 미래를 나타낸다.

② we can't afford

afford는 〈~할 시간적, 경제적 여유가 있다〉의 뜻이다.

③ to buy one

one은 앞에 나온 〈a new van〉을 다시 받는 대명사이다.

④ I bet

bet은 내기를 해서 이길 정도로 장담을 한다는 뜻으로 〈장담하건대, 틀림없이〉의 뜻이다.

⑤ a low price

저렴한(낮은) 가격

⑥ not so bad

not bad은 〈나쁘지 않다〉는 뜻으로 〈꽤 좋다〉는 긍정의 의미가 내포되어 있다.

문장으로 클릭클릭

그는 의사인가 아니면 수의사인가?

Is he a doctor or a vet?
이즈 히어 닥터r 오어 어 벹?

• vet : veterinarian의 줄임 말이다.

그는 파란색 조끼를 입고 있다.

He is wearing a blue vest.
히 이즈 웨어륑 어 블루 베스트.

• vest : 조끼

선수가 2루로 재빨리 달렸다.

The player ran to the second base quickly.
더 플레이어 뢘 투 더 쎄컨 베이즈 크윅클리.

• run(달리다)-ran-run 현재형과 과거분사형이 같다.
• base : 토대, 기반, 기지, ~에 입각하다, 바탕을 두다
be based on : ~을 근거로 하다

그 꽃병은 꽃이 가득하다.

The vase is full of flowers.
더 베이즈 이즈 f훌 어브 f흘라워즈.

• be full of : ~으로 가득하다

그녀는 죽은 고양이를 묻고 싶어한다.

She wants to bury her dead cat.
쉬 원즈 투 베뤼 허r 댇 캩.

• bury(묻다, 매장하다) : 모음 u가 [e] 소리가 나는 점에 주의한다.
• She wants : 주어가 3인칭 단수이고 문장이 현재이므로 동사에 -s를 붙인다.

나는 음악에 관심이 아주 많아.

I'm very interested in music.
아임 베리 인터뤠스티 린 뮤직.

• be interested in : ~에 관심(흥미)이 있다.

벤은 보트를 만들고 있다.

Ben is making a boat.
벤 이즈 메이킹 어 보웉.

그건 비밀 투표이다.

It is a secret vote.
잍 이저 씨크륕 보웉.

• vote : 투표

작문으로 쓱싹

1 이 영화는 실화에 근거를 두고 있다.

This movie is ________ ________ a true story.

2 우리는 집을 살 경제적인 여유가 없다.

We ________ ________ to buy a house.

3 장담하건대 너는 그 경주를 이길 거야.

________ ________ you will win the race.

4 네 에세이는 그렇게 나쁘지 않아.

Your essay is ________ so ________.

5 낮은 가격을 제시하면, 생각해 보겠소.

If you offer us a ________ ________, we'll think about it.

정답 1 based on 2 can't afford 3 I bet 4 not, bad 5 low price

퀴즈! 퀴즈!

1 I tried to call a ___et. [v] — 수의사에게 전화하려 했다.

2 Don't touch the ___ase. [v] — 그 꽃병에 손대지 마라.

3 Put it in the ___est pocket. [v] — 조끼 주머니에 집어 넣어라.

4 You should b___ry your past. [b] — 너는 네 과거를 묻어야 해.

5 He joined a ___oat race. [b] — 그는 보트 경주에 참가했다.

정답 1 v 2 v 3 v 4 b 5 b

Unit 02

d와 t

Tate! Do you have a date tonight?

테잍! 두 유 해버 데잍 투나잍?

발음 연습

[d] / [t] : 혀 끝을 윗니 안쪽 잇몸에 대고 있다가 [드]와 [트] 소리를 내는데, 이 때 중요한 것은 혀 끝을 계속 윗니 잇몸에 댄 상태에서 소리를 낸다는 점이다. [d] 는 공기가 밖으로 터져 나오지 않고 성대만 울리는 반면, [t]는 공기를 밖으로 내 보내는 듯한 소리를 낸다.

d[d] 드	desk 데스크	dime 다임	down 다운	side 싸이드	nod 너드
t [t] 트	task 태스크	time 타임	town 타운	site 싸이트	not 낱

대화로 톡톡

A Tate! Do you have a date tonight?
테잍! 두 유 해버 데잇 투나잍?

B Yes. Why?
이예스. 와이?

A Great! We're going downtown to see a circus. Will you join us?
그뤠잍! 위어r 고우잉 다운타운 투 씨이 어 써r커스. 윌 유 죠인 어스?

B Why not? Tina loves a circus, too.
와이 낱? 티나 러브 저 써r커스, 투우.

A 테이트! 오늘 밤에 데이트 있니?
B 응. 왜?
A 잘됐다. 시내로 써커스 구경갈 건데. 같이 갈래?
B 물론이지. 티나도 써커스 무지 좋아해.

단어

downtown 시내
join 함께 하다

단어 및 문법 설명

① date

명사는 〈날짜, 이성과의 데이트〉의 뜻이고,
동사는 〈날짜를 적다, 연대를 추정하다, 데이트를 하다〉의 뜻이다.

② downtown

downtown은 부사, 형용사, 명사로 모두 쓰이는데, 여기에서는 부사로 쓰여 〈시내로, 번화가로, 중심가로〉의 뜻이다.
downtown이 명사로 쓰인 경우에는 앞에 전치사 to를 붙인다.
They went to the downtown.(그들은 시내에 갔다.)

③ to see a circus

써커스를 구경하다

④ Why not?

권유를 받고 〈Why not?〉으로 대답을 하면 기꺼이 동의한다는 표현으로 〈Sure.〉, 〈Of course.〉와 바꾸어 쓸 수 있다.

⑤ Tina loves a circus.

love는 〈~을 대단히 좋아하다〉의 뜻이다.

문장으로 클릭클릭

프런트 입니다.
무엇을 도와드릴까요?

Front desk. May I help you?
f론 데스크. 메이 아이 헬퓨?

• 〈May I ~?〉는 공손한 표현으로 〈제가 ~해도 될까요?〉의 뜻이다.

그건 매우 어려운 일이다.

It's a very difficult task.
이츠 어 베리 디f이컬트 태스크.

• task : 부과된 일, 직무, 임무

이 사탕은 10 센트이다.

This candy costs a dime.
디스 캔디 코스츠 어 다임.

• dime : 10 센트짜리 동전
• cost : 〈비용이 ~들다〉 cost-cost-cost
동사의 변화가 같으므로 시제에 주의해야 한다.
It cost a quarter. (그건 25 센트였어.)

일어날 시간이야.

It's time to get up.
이츠 타임 투 게 렆.

• wake up은 눈을 뜨는 깨어남이라면, get up은 눈을 뜨고 나서 자리에서 일어나는 것을 말한다.

나는 영원히 네 편이야.

I'll be on your side forever.
아일 비 온 유어r 싸이드 f오에버r.

• be on one's side : 누구의 편이다

그 가게는 마을에서
좋은 장소에 있다.

The shop has a good site in town.
더 샾 해저 굳 싸이트 인 타운.

• site : 위치, 장소, 컴퓨터 싸이트

나는 그녀가 내게
목례하는 걸 보았어.

I saw her nod to me.
아이 쏘 허r 너드 투 미.

• nod : 고개를 끄덕해서 인사(동의)하다, 목례하다
• see, hear, listen to, feel 등은 지각동사로 목적어 다음에 동사의 원형을 쓴다. 〈주어+동사+목적어(사람)+동사의 원형(목적격 보어)〉구조로 5형식이다.

작문으로 쓱싹

1 지금 몇 시인가요?

.... is it now?

2 잠자리에 들 시간이야.

.... to go to bed.

3 나는 너를 프론트 데스크에서 만날 것이다.

I'll meet you at the ....

4 가격이 얼마인가요?

How much does it ....?

5 그녀와 데이트 했니?

Did you have a .... with her?

정답 1 What time 2 It's time 3 front desk 4 cost 5 date

퀴즈! 퀴즈!

1 Did you finish the ...ask? [t] 그 업무는 다 하셨나요?

2 They are standing si...e by si...e. [d] [d] 그들은 나란히 서 있다.

3 I read about it on Internet si...e. [t] 인터넷 싸이트에서 그걸 읽었어.

4 She gave me a no... . [d] 그녀가 나에게 목례했어.

5 I was born in a small ...own. [t] 나는 조그마한 마을에서 태어났어.

정답 1 t 2 d, d 3 t 4 d 5 t

Unit 03

C는 [s]/[k]로

Let's tour the city with Cindy.

레츠 투어r 더 씨리 위드 씬디.

발음 연습

c → [s]/[k] : 아래 입술을 최대한 옆으로 벌린 상태를 유지하면서 [s]와 [k] 소리를 낸다. c의 [s] 소리는 [스]나 [쓰] 소리가 나는데, c 다음에 오는 모음이 강세를 받을 경우에는 c는 [쓰] 발음을, 강세를 받지 않을 경우에는 [스] 발음을 한다.

c[s] 쓰	city 씨디	prince 프린스	certainly 써튼리	cider 싸이더	essence 에쓴스
c[k] 크	castle 케슬	card 카r드	clock 클락	cancel 캔슬	careful 캐어f울

대화로 톡톡

A What about going sightseeing this afternoon?
와 러바웃 고우잉 싸잍씨잉 디스 애f터r누운?

B OK. Let's tour the city with Cindy.
오우케이. 레츠 투어r 더 씨리 위드 씬디.

A Shall we go shopping after that?
쉘 위 고우 샤핑 애f터r 댇?

B Certainly.
써튼리.

A 오늘 오후에 관광하러 갈까?
B 좋아. 신디랑 같이 도시를 구경하자.
A 그 다음에 쇼핑하러 갈까?
B 그래.

단어

sightseeing 관광
certainly 물론

단어 및 문법 설명

① What about ~?

상대에게 제안을 하는 표현으로 about이 전치사이므로 다음에 동명사가 와야 한다.

② this afternoon

오늘 오후

③ tour

동사로 〈여행하다, 견학가다〉의 뜻이고, 명사로 〈관광, 짧은 여행, 견학, 시찰, 일주〉의 뜻이다.

④ at

시각 앞에 쓰는 전치사이다.

⑤ Shall we ~?

상대에게 제안을 하는 표현으로 다음에 동사의 원형이 와야 한다.

⑥ after that

after 다음에 대명사 that이 왔으므로 after는 전치사 역할을 한다.
after 다음에 〈주어+동사〉의 절이 올 경우에는 접속사 역할을 한다.

⑦ Certainly

상대의 제안에 동의할 때 쓰는 표현이다.

문장으로 클릭클릭

백마 탄 나의 왕자님은 어디에 있는 거지?

Where is my Prince Charming?
웨어 리즈 마이 프륀스 촤아밍?

• Prince Charming : 동화 속에 나오는 백마 탄 왕자를 지칭하는 것으로 모든 여성이 마음 속에 그리는 이상적인 남성을 말한다.

• charming : 형용사로 〈매력적인, 마력을 거는〉의 뜻이다.

나는 사과즙 한 잔을 주문했다.

I ordered a glass of cider.
아이 오r더r 더 글래스 어브 싸이더r.

• cider : 사과즙, 사과 주스

신분증을 볼 수 있을까요?

Can I see your ID card?
캔 아이 씨이 유어r 아이디 카아r드?

• ID card : identification card의 줄임 말이다.

몇 시에 만날까? -

What time shall we make it? -
왓 타임 쉘 위 메이 킽?

2시에.

At 2 o'clock.
앹 투 어클락.

• make it : 〈시간에 대다, 어떤 일을 성공적으로 하다〉의 뜻이다. 시간 앞에 항상 전치사 at을 쓴다는 점도 기억해야 한다.

먼저 여행을 취소해야 해.

You need to cancel your trip first.
유 니이 투 캔슬 유어r 츄륍 f어r어스트.

• cancel : 취소하다, first : 우선

그녀는 행복의 본질을 몰라.

She doesn't know the essence of love.
쉬 더즌 노우 디 에쓴스 어브 러브.

• 3인칭 단수 현재가 있는 일반동사의 부정문이나 의문문을 만들 때에는 does가 필요하다.

길을 건널 때에 조심해라.

Be careful when you cross the street.
비 캐어f훌 웬 유 크로쓰 더 스츄리이트.

• 동사의 원형 Be로 시작하는 명령문으로 시간을 나타내는 부사절(when 이하)과 함께 쓰였다.

작문으로 쓱싹

1 영화 보러 가는 게 어때?

What about ________ to the movies?

2 여권 좀 볼 수 있을까요?

May I ________ your passport?

3 그녀는 누가 보아도 매력적이다.

She is ________ to everybody.

4 10시에 만날까?

Shall we ________ ________ at 10 o'clock?

5 너는 더욱 조심을 해야 해.

You should be ________ ________.

정답 1 going 2 see 3 charming 4 make it 5 more careful

퀴즈! 퀴즈!

1 Should I __ancel my order? [k] 주문을 취소해야 하나?

2 This is one of the most beautiful __ities. [s] 여기는 가장 아름다운 도시 중 하나야.

3 She's writing a post __ard. [k] 그녀는 엽서를 쓰고 있다.

4 __ider is my favorite juice. [s] 사과주스가 내가 제일 좋아하는 주스야.

5 The prin__e lives in the castle. [s] 왕자는 그 성에 산다.

정답 1 c 2 c 3 c 4 C 5 c

Unit 04

ch는 [k]와 [tʃ]로

Charlie! Are you going to church on Christmas Eve?

좌알리! 아r 유 고우잉 투 춰어r취 온 크뤼스마스 이브?

발음 연습

ch → [k] / [tʃ] : ch는 [k]와 [tʃ]소리가 나는데, [k]는 아래 입술을 최대한 아래로 내리면서 [크] 소리는 내고, [tʃ]는 입술을 모아 앞으로 내민 상태에서 [취] 소리를 낸다.

ch[k] 크	Christmas 크리스마스	character 캐릭터	chameleon 커밀리언	orchestra 오케스츄라	monarch 마너크
ch[tʃ] 취	Charlie 좌알리	chat 채트	church 춰어취	search 써어취	march 마아취

대화로 톡톡

A Charlie! Are you going to church
좌알리! 아r 유 고우잉 투 춰어r취
on Christmas Eve?
온 크뤼스마스 이브?

B Of course. I'll play Rudolph for children.
어브 코오r쓰. 아일 플레이 루돌f fOr 췰드런.

A That'll be great. Can I come?
대를비 그뤠잍. 캔 아이 컴?

B Sure. You can bring Chris with you.
슈어. 유 큰 브륑 크뤼스 위듀.

A 차알리! 크리스마스 이브에 교회에 갈거니?
B 물론이야. 아이들을 위해 루돌프 역할을 할 거야.
A 그거 멋지겠다. 나 가도 되니?
B 그럼. 크리스도 데려 와.

단어
church 교회
children 아이들

단어 및 문법 설명

① on Christmas Eve

크리스마스 이브 같은 특정한 날 앞에서는 전치사 on을 쓴다.
Charlie는 〈촤알리〉로 발음한다.
I was born on a New Year. (나는 설날에 태어났어.)
Eve는 evening의 줄임말이다.

② play Rudolph

play는 연극에서 〈~의 역을 맡다〉의 뜻으로 〈play Rudolph〉는 〈루돌프 역을 맡다〉의 뜻이다.

③ That'll

〈That will〉의 축약이다. 모음 뒤의 t가 l과 결합할 경우 [r] 소리가 난다.

④ Can I come?

go 대신 come을 쓰는 이유는 이야기하고 있는 상대방 쪽으로 〈오다〉의 뜻이기 때문이다.

⑤ bring

사람이나 물건을 〈데려오다, 가져오다〉,
이의 반대는 take로 사람이나 물건을 〈데려가다, 가져 가다〉, fetch는 〈가서 가져오다〉

문장으로 클릭클릭

카멜레온은 몸의 색깔을 바꾼다.

Chameleons change their color.
커밀리온즈 췌인쥐 데어r 칼라.
• 주어가 복수이므로 동사(change)는 주어의 수에 일치시킨다.

그는 성격이 좋다.

He has a good character.
히 해저 굳 캐뤅터r.
• character : 성질, 성격, 특징, 특질, 인격, 개성

오케스트라가 교향곡을 연주하였다.

The orchestra played the symphony.
디 오케스츄라 플레이 더 씸f오니.
• symphony : 교향곡

사자는 정글의 왕이다.

The tiger is the monarch of the jungle.
더 타이거r 이즈 더 마너크 어브 더 줭글.
• monarch : 〈군주, 제왕〉 또는 비유적으로 무리 중에서 뛰어난 것을 나타내기도 한다.

그녀는 인터넷으로 채팅하는 것을 좋아한다.

She likes chatting on the Internet.
쉬 라잌 췌링 온 디 이너r넽
• chat은 〈단모음 a+단자음 t〉으로 같은 자음을 하나 더 붙여 동명사(chatting)를 만든다.

군인들은 한 시간 동안 행군해야 했었다.

The soldiers had to march for an hour.
더 쏠져r즈 해 투 마아취 f오 런 아우어r.
• march : 행군하다, 행진하다.
• March : 3월

그들은 당장 그를 수색해야 한다.

They need to search for him at once.
데이 니이 투 써어취 f오 림 앨 윈스.
• search : 찾다, 수색하다, 탐색(검색)하다
• at once : 당장, 즉시

작문으로 쓱싹

1 내 생일은 3월 3일이야.

My birthday is ______ March 3rd.

2 굉장한 파티를 한다며. 나 가도 되니?

You'll have a big party. Can I ______?

3 너는 디카를 가져와야 해.

You should ______ a digital camera with you.

4 내일 밤 콘서트에 갈 거니?

Are you ______ to the concert tomorrow night?

5 그녀의 취미는 전화로 채팅하는 거야.

Her hobby is ______ on the phone.

정답 1 on 2 come 3 bring 4 going 5 chatting/to chat

퀴즈! 퀴즈!

1 Do you go to ___urch? [tʃ] 교회에 나가니?

2 He has a strong ___aracter. [k] 그는 강한 성격을 가지고 있다.

3 I play the bass in the school or___estra. [k] 나는 학교에서 베이스를 연주한다.

4 Let's ___at over tea. [tʃ] 차 마시면서 이야기하자.

5 People are mar___ing in a parade. [tʃ] 사람들이 행진하고 있다.

정답 1 ch 2 ch 3 ch 4 ch 5 ch

Unit 05

〈모음+d / t+모음〉은 [r]로

Are you ready to order?

아r 유 뤠디 투 오r더r?

발음 연습

d/t → [r] : 자음 d 또는 t 전후에 모음이 있고 d나 t 앞에 있는 모음에 강세를 받는 경우 약하게 [d] 또는 [r] 소리로 발음이 된다.

d[r] 러	body 바리	medium 미리엄	ready 뤠리	somebody 썸바리	model 마를
t[r] 러	waiter 웨이러	water 워러	bitter 비러	computer 컴퓨러	butter 버러

대화로 톡톡

A Hello. Are you ready to order?
헬로우. 아r 유 뤠디 투 오r더r?

B Yes. We'll have a steak and a salad.
이예스. 윌 해버 스떼이크 애너 쌜러드.

A Rare, medium, or well done?
뤠어, 미리움, 오어 웰 던?

B Medium, please.
미리움, 플리즈.

A 안녕하세요. 주문하시겠습니까?
B 네. 스테이크와 샐러드 주세요.
A 설 익힐까요, 중간쯤 익힐까요, 아니면 바짝 익혀 드릴까요?
B 중간쯤 익혀 주세요.

단어

order 주문하다
rare 설익은, 날것의
medium 반쯤 익힌
well done 잘 익힌

단어 및 문법 설명

① Are you ready to order?

ready는 〈~할 준비가 되어 있다〉의 뜻이며, order은 〈주문하다〉의 뜻이다.

② We'll have

주문할 음식을 결정하면서 말하는 표현으로 〈~을 먹겠다〉의 뜻이다.

③ Rare, medium, or well done?

steak의 고기 익힘 정도를 묻는 말로 앞에 〈Would you like your steak~?〉가 생략된 표현이다. rare는 고기를 완전히 익힌 경우, medium은 고기를 중간 정도로 익힌 경우, well done은 고기를 바짝 익힌 경우를 말한다.

⑤ please

명령문에서 정중한 요구나 간청을 나타내는 말로, 문장의 맨 앞이나 맨 뒤에 쓴다.
맨 뒤에 쓸 때에는 바로 앞에 콤마(,)를 붙인다.
동사로 쓰이게 되면 〈~을 기쁘게 하다, 만족시키다〉의 뜻이다.

문장으로 클릭클릭

인간의 몸은 신비롭다.

A human body is mysterious.
어 휴먼 바리 이즈 미스띠어뤼어스.

• body : 몸, 신체, 육체, 시체, 사람

누군가 문에 메시지를 남겼다.

Somebody left a message / on the door.
썸바리 레f트 어 메씨쥐 온 더 도어r.

• somebody와 someone은 〈어떤 사람, 누군가〉의 뜻으로 긍정문에 쓰이며, somebody는 구어적이고, someone은 문어적이다.
• leave(남기다, 떠나다)–left–left

좋은 약은 입에 쓰다.

A good medicine is bitter / to the mouth.
어 굳 메디신 이즈 비러r 투 더 마우쓰.

• bitter : 맛이 쓴

버터 좀 건네 주세요.

Please pass me the butter.
플리즈 패쓰 미 더 버러r.

• pass : 4형식문형(주어+동사+간접목적어+직접목적어)의 수여동사이다.

이 컴퓨터 작동되나요?

Is this computer working now?
이즈 디스 컴퓨러r 워어r킹 나우?

• work : 기계 등이 움직이다. 작동하다

이것은 저희의 최신 모델입니다.

This is our latest model.
디스 이즈 아우어r 레이리스트 마를.

• 형용사 late은 의미가 다른 두 가지 비교 변화를 보인다.
• late(시간이 나중인)–later–latest(최신의)
• late(순서가 나중인)–latter–last(마지막의)

웨이터! 물 좀 더 주세요.

Waiter! Some more water, please.
웨이러! 썸 모어r 워러, 플리즈.

작문으로 쓱싹

1 출발할 준비가 되었니?

Are you ________ to start?

2 고기를 바싹 익혀 드릴까요?

Would you like your steak ________ ________?

3 이 시계는 가지 않는다.

This watch is not ________.

4 저는 스파게티를 먹을 거에요.

I'll ________ spaghetti.

5 샐러드는 어떤가요?

How ________ a salad?

정답 1 ready 2 well done 3 working 4 have 5 about

퀴즈! 퀴즈!

1 He has a strong bo__y. [r] 그는 몸이 튼튼하다.

2 It has a bi__er taste. [r] 그건 맛이 쓰다.

3 Somebo__y took my car. [r] 누가 내 차를 가져갔다.

4 Have some bread and bu__er. [r] 버터 바른 빵을 드세요.

5 I'm making a mo__el airplane. [r] 나는 모형 비행기를 만들고 있다.

정답 1 d 2 tt 3 d 4 tt 5 d

Unit 06

f와 p

I feel no pain.
아이 f이일 노우 페인.

발음 연습

[f] / [p] : [p]는 양 입술이 붙었다 떨어지면서 나는 소리로 우리말 [ㅍ]와 유사한 소리이나, [f]는 윗니를 아래 입술 안쪽에 갖다 대는 소리로 절대 입술을 붙이면 안 된다.

f[f] 프	fine f화인	feel f이얼	file f화일	face f애이스	fast f애스트
p[p] 프	pine 파인	peel 피이얼	pile 파일	pace 패이스	past 패스트

대화로 톡톡

A Fred! How are you feeling today?
f뤠드! 하우 아r 유 f이링 투데이?

B I feel no pain, but a little bit dizzy.
아 f이일 노우 페인, 버러 리를 빝 디찌.

A That'll be better.
대를 비 베러r.

These pills will work on you.
디이즈 필즈 윌 워어r 콘 유.

B Thanks for everything.
땡쓰 fOr 에브뤼띵.

A 프레드! 오늘은 어떻습니까?
B 아프지는 않은데, 좀 어지러워요.
A 좋아질 거에요.
이 약이 효과가 있을 겁니다.
B 모든 일에 감사해요.

단어
pain 고통
dizzy 어지러운
pill 알약

단어 및 문법 설명

① How are you feeling?

안부나 건강상태를 묻는 표현이다.

② I feel no pain.

no는 〈not ~ any〉와 바꾸어 쓸 수 있다.

I don't feel any pain.

③ a little bit

조금, 약간

little : 모음 다음에 tl은 [r] 소리가 나서 발음은 [리를]이다.

④ dizzy

현기증이 나는, 아찔한

I feel dizzy.(어지럽다.)

⑤ These pills

지시형용사(these)와 명사(pills)의 수를 복수로 일치시킨다.

these pill (x), this pills (x), these pills (o)

⑥ work

효과가 있다, 약이 잘 듣다

⑦ Thanks for everything.

~에 대해 고맙다는 표현을 할 때 전치사 for를 쓴다.

문장으로 클릭클릭

많은 사람들이 소나무를 좋아한다.

Many people like pine trees.
메니 피플 라잌 파인 츄뤼즈.

• many(많은)는 셀 수 있는 명사 앞에 오고, much(많은)는 셀 수 없는 명사 앞에 온다.

먼저 감자 껍질을 벗겨라.

Peel the potatoes first.
필 더 포테이로우즈 f어r스트.

• peel : ~의 껍질을 벗기다

내 책상은 서류와 파일로 쌓여 있다.

My desk is piled with papers and files.
마이 데스크 이즈 파일드 위드 페이퍼r즈 앤 f파일즈.

• 주어가 사물로 수동태(be동사+과거분사) 문장이다.

• pile : ~을 쌓아 올리다

가능한 한 빨리 달려야 해.

You need to run / as fast as possible.
유 니이 투 뤈 애즈 f애스트 애즈 파서블.

• fast는 형용사이자 부사이기도 하다. 여기에서는 동사 뒤에 위치했으므로 부사이다. 〈as+형용사/부사+as possible〉은 〈가능한 ~하게〉의 뜻으로 〈as ~ as+ 주어+can/could〉로 바꾸어 쓸 수 있다.

I came here as fast as possible.

= I came here as fast as I could.

그는 항상 식사를 느리게 한다.

He always eats / at a snail's pace.
히 올웨이즈 이츠 애러 스네일즈 페이스.

• at a snail's pace : 달팽이 속도로, 아주 느리게

7시 반이야.

It's half past seven.
이츠 해f 패스트 쎄븐.

• past : 부사로 〈지나서, 넘어서〉, 형용사로 〈지나간〉, 명사로 〈과거〉

작문으로 쓱싹

1 나는 돈이 하나도 없어.

I don't have ________ money.

2 와 주셔서 감사합니다.

Thank you ________ coming.

3 그릇에 설탕이 많이 있다.

There is ________ sugar in the bowl.

4 모두 지나간 과거 이야기야.

It's all ________ history.

5 가능한 한 천천히 말씀해 주시겠어요?

Will you speak as slowly as ________?

정답 1 any 2 for 3 much 4 past 5 possible

퀴즈! 퀴즈!

1 Wash your ___ace and hands. [f] 얼굴과 손을 씻어라.

2 It's ___ast bedtime. [p] 잠잘 시간이 지났다.

3 The jet plane is so ___ast. [f] 제트기는 진짜 빨라.

4 I ___eel sorry for you. [f] 안됐습니다.

5 ___eel down the banana. [p] 바나나 껍질을 벗겨라.

정답 1 f 2 p 3 f 4 f 5 P

Unit 07

g는 [g] / [dʒ]로

George! Do you know who Greg is?

죠오r쥐! 두 유 노우 후 그레그 이즈?

발음 연습

g → [g] / [dʒ] : g의 [g] 소리는 턱을 아래로 끌어 내리면서 목 깊은 곳에서 [그] 소리를 내고, [dʒ]는 입술을 모아 앞으로 내민 상태에서 [쥐] 소리를 낸다.

g[g] 그	gift 기f트	Greg 그레그	global 글로벌	gather 개더	garbage 가비쥐
g[dʒ] 쥐	gentle 좬틀	George 죠오쥐	genius 쥐니어스	danger 대인쥐	garage 거라쥐

대화로 톡톡

A George! Do you know who Greg is?
죠오r쥐! 두 유 노우 후 그레그 이즈?

B Yeah! He's one of my friends
야 ! 히즈 원 어브 마이 f렌즈.

at school. Why?
앨 스꿀. 와이?

A I'm wondering why his hat is in the garage.
아임 원더륑 와이 히즈 햍 이진 더 거롸쥐.

B Thanks, mom. I've been looking for it.
땡쓰, 맘. 아브 빈 룩킹 f오 륕 .

A 죠오지! 그레그가 누구인지 아니?
B 네. 제 학교 친구에요. 왜 그러세요?
A 그 애 모자가 왜 차고에 있는지 궁금하구나.
B 고마워요, 엄마. 지금까지 그걸 찾고 있었는데.

단어

wonder 궁금하게 여기다
garage 차고

단어 및 문법 설명

① Do you know who Greg is?

〈Do you know?〉와 〈Who is Greg?〉의 두 개의 문장이 하나의 의문문으로 결합된 것으로, 이 때 who절 이하의 어순에 주의해야 한다.

〈Do you know?〉에서 이미 의문문 형태를 띠고 있으므로 〈의문사+주어+동사〉의 어순이 되어야 한다.

Do you know who is Greg? (x)

② one of + 복수명사

〈one of〉은 〈~ 중의 하나〉라는 뜻이므로 다음에 복수 명사가 온다.

③ I'm wondering

〈~이 궁금하다, 의아하게 여기다〉

④ garage

차고, 자동차 정비 공장

⑤ I've been looking for it

〈have been -ing〉은 〈지금까지 계속 ~해 왔다〉의 뜻으로 현재완료 진행형시제며 어떤 동작의 계속을 나타낸다.

⑥ look for it

〈look for〉은 〈~을 찾다〉의 뜻이며, it은 앞에 나온 명사 hat을 다시 받는 대명사이다.

문장으로 클릭클릭

이건 우리 할아버지가 주신 선물이야.

This is a gift / from my grandfather.
디스 이저 기f트 f롬 마이 그랜f아더r.

- gift = present : 선물

그는 마치 자신이 천재라도 되는 듯이 말해.

He says / as if he were a genius.
히 쎄즈 애즈 이f 히 워 러 쥐니어스.

- as if = as though : 〈사실은 그렇지 않은데 마치 사실인 것처럼〉의 뜻으로 현재 사실의 반대를 가정하는 가정법이다.
- as if 다음에는 가정법 동사(were/과거형 동사)가 온다.

그는 글로벌 리더가 되고 싶어한다.

He wants to be a global leader.
히 원츠 투 비 어 글로벌 리이더r.

- want to : 〈~하고 싶다〉, 주어가 3인칭 단수이므로 동사(wants)도 단수로 수를 일치시킨다.
- global : 공모양의, 전 세계의

그의 목소리는 매우 온화하다.

He has a very gentle voice.
해 해저 베리 젠틀 보이스.

- gentle : 부드러운, 온화한, 점잖은

우리는 정보를 좀 더 모아야 해.

We need to gather some more information.
위 니이 투 개더r 썸 모어r 인f오r메이션.

- need to는 should, ought to, have got to와 바꾸어 쓸 수 있다.

그는 쓰레기를 쓰레기통에 버리고 있었다.

He was throwing garbage / in a garbage can.
히 워즈 쓰로우잉 가비쥐 이너 가비쥐 캔.

- throw : 버리다, 던지다
- garbage : 쓰레기 찌꺼기

작문으로 쓱싹

1 그에게 무슨 일이 생겼는지 궁금하다.

I'm ______ what happened to him.

2 그녀는 마치 자신이 모든 것을 다 아는 것처럼 말해.

She speaks ______ ______ she knew everything.

3 축구는 한국에서 인기 있는 스포츠 중의 하나야.

Soccer is ______ ______ popular sports in Korea.

4 어디 있었니? 계속 찾았었는데.

Where were you? I've ______ looking ______ you.

5 그가 어디 사는지 아니?

Do you know where ______ ______?

정답 1 wondering 2 as if 3 one of 4 been, for 5 he lives

퀴즈! 퀴즈!

1 George knows everything. He's a ___enius. [dʒ] 조오지는 모르는 게 없어. 그는 천재야.

2 The place was full of ___arbage. [g] 그 곳은 쓰레기로 가득했다.

3 He is very ___entle. [dʒ] 그는 매우 온화하다.

4 We were ___athering some seashells. [g] 우리는 조개 껍질을 줍고 있었다.

5 My uncle gave it to me as a ___ift. [g] 우리 삼촌이 선물로 그걸 주셨어.

정답 1 g 2 g 3 g 4 g 5 g

Unit 08

gh/ph는 [f]로

Philip! How's your cough?

f이맆! 하우즈 유어r 커f?

발음 연습

gh/ph → [f] : gh나 ph는 [f] 소리가 나는데, 윗니로 아랫 입술 안쪽을 살짝 물었다가 떼면서 내는 소리로 어떠한 경우에도 입술을 붙여서는 안 된다.

gh[f] 프	enough 이너f	tough 터f	laugh 래f	cough 코f	rough r어f
ph[f] 프	phone f오운	graph 그r애f	photo f오우로우	physical f이지컬	physician f이지션

대화로 톡톡

A Philip! How's your cough today?
f이맆! 하우즈 유어r 커f 투데이?

B Not very fine. I still have a bad cough.
낱 베리 f화인. 아이 스띨 해버 배앤 커f.

A This is my phone number.
디스 이즈 마이 f오운 넘버r.

Call me any time if you need my help.
콜 미 에니 타임 이f 유 니이드 마이 헬프.

B I can't thank you enough.
아 캐앤 땡 큐 이너f.

A 필립! 오늘 기침은 좀 어떤가?
B 안 좋아요. 여전히 기침이 심해요.
A 이거 내 전화번호인데. 도움이 필요하면 언제든지 전화하게.
B 어떻게 고맙다고 해야 할지 모르겠습니다.

단어

cough 기침
call 전화하다
enough 충분한

단어 및 문법 설명

① How's your cough?

문장의 주어가 〈your cough〉로 단수이므로 동사도 단수 is가 되어야 한다. How's는 〈How is〉의 축약이다.

② Not very fine.

앞에 cough를 대신 받는 대명사 It과 동사 is 가 생략된 표현이다.

③ have a bad cough

기침이 심하다

④ Call me any time

긍정명령문에 쓰인 any는 〈어떤 ~라도〉의 뜻이며, 명령문은 항상 동사의 원형(Call)으로 시작한다.

⑤ I can't thank you enough.

부정어 not이 있으나 〈감사하지 않다〉는 뜻이 아니라, 부사 enough로 아무리 고맙다는 말을 해도 충분하지 않다는 뜻의 강조를 하는 긍정의 의미이다.

이외에 감사의 표현으로, 〈Thanks.〉, 〈Thank you so much.〉,
〈I don't know how to thank you.〉, 〈I really appreciate it.〉 등이 있다.

문장으로 클릭클릭

요즈음엔 일자리 찾기가 힘들다.

It's tough finding a job these days.
이츠 터f f화인딩 어 잡 디이즈 데이즈.

- these days = lately = recently : 최근에, 근래에
- tough : 거친, 강한, 힘든

웃지 마. 나는 매우 심각해.

Don't laugh. I'm very serious.
도운 래f. 아임 베리 씨어뤼어스.

- laugh : 소리를 내어 웃다
- laugh at : ~를 보고 비웃다.

감촉이 까칠까칠하다.

It feels rough.
잍 f이얼즈 뤄f.

- rough : 표면이 거친, 울퉁불퉁한, 거친
- feel은 지각동사(touch, taste, smell, look) 중의 하나로 〈~한 느낌이 들다.〉

당신의 가족 사진을 좀 봐도 되나요?

May I see some photos of your family?
메이 아 씨이 썸 f오로우즈 어브 유어r f훼밀리?

- photo는 photograph의 줄임 말이며, 복수형은 뒤에 -s만 붙인 photos이다.

이 그래프는 무엇을 보여주고 있는가?

What does this graph show?
왇 더즈 디스 그뤠f 쇼우?

- 주어가 this graph로 3인칭 단수이고 동사가 현재이므로 의문문에서 does가 필요하다.

당신은 신체검사를 받아야 한다.

You need to take a physical exam.
유 니이 투 테이 커 f이지컬 이그잼.

- take a physical exam : 신체검사를 받다
- physical : 신체적인, 육체의 • mental : 정신의, 마음의

그는 예전의 우리 주치의였다.

He used to be our family physician.
히 유스 투 비 아우어r f훼밀리 f이지션.

- physician : 내과의사
- surgeon : 외과의사, 일반적으로 의사는 doctor를 쓴다.

작문으로 싹싹

1 감기는 좀 어떠세요?

.... is your cold?

2 뭐라고 감사의 말씀을 드려야 할 지 모르겠네요.

I don't know how to .... you.

3 언제라도 나를 찾아오렴.

You can visit me .... time.

4 감촉이 부드럽지 않다.

It doesn't .... soft.

5 그는 신체검사에서 떨어졌다.

He failed a .... exam.

정답 1 How 2 thank 3 any 4 feel 5 physical

퀴즈! 퀴즈!

1 I've had a tou........ time lately. [f] — 요즘 나는 힘든 시기를 겪고 있다.

2 Could I see your ....otos? [f] — 당신 사진을 좀 볼 수 있나요?

3 Don't lau........ at me. [f] — 나를 비웃지 마라.

4 This gra........ shows a market trend. [f] — 이 그래프는 시장 트렌드를 보여준다.

5 The road is very rou........ . [f] — 길이 울퉁불퉁하다.

정답 1 gh 2 ph 3 gh 4 ph 5 gh

Unit 09

th는 [ð]와 [θ]로

Beth! Are those things yours?

베쓰! 아r 도우즈 띵즈 유어r즈?

발음 연습

th → [ð]/[θ] : [ð]와 [θ]는 혀 끝을 윗니와 아랫니 사이로 약간 내민 상태에서 윗니와 혀 사이로 공기를 내보면서 만드는 소리이다. [ð]는 우리말의 [드]와 비슷한 소리처럼 들리고, [θ]는 이 사이로 공기를 내보내며 발음을 하는데, 반드시 이 사이로 혀를 살짝 내밀면서 발음을 해야 한다.

th[ð] 드	those 도우즈	these 디이즈	though 도우	smooth 스무드	breathe 브뤼드
th[θ] 쓰/뜨	thing 띵	thanks 땡쓰	thought 쏱	mouth 마우쓰	breath 브뤠쓰

대화로 톡톡

A Beth! Are those things yours?
베쓰! 아r 도우즈 띵즈 유어r즈?

B No, they aren't. These are mine.
노우, 데이 아안트. 디이즈 아r 마인.

A I thought that they are yours.
아 쏱 댈 데이 아r 유어r즈.

B Thanks anyway.
땡쓰 에니웨이.

A 베쓰! 저것들 네 거니?
B 아냐. 이것들이 내 건데.
A 나는 네 거라고 생각했지.
B 어쨌든 고마워.

단어

thing 물건
yours 너의 것
mine 나의 것
anyway 어쨌든

단어 및 문법 설명

① those

that의 복수로 멀리 있는 사물이나 사람을 가리키는데, 명사 앞에 위치했으므로 지시형용사이다.

② yours

소유대명사로 〈너의 것〉의 뜻이며, 〈소유격+명사〉가 결합된 형태이다.

소유대명사는 mine(나의 것), ours(우리들의 것), hers(그녀의 것), his(그의 것), theirs(그들의 것) 등이 있다.

③ 의문문의 주어가 those나 these일 경우, 그에 대한 응답은 they로 한다.

④ I thought that

think(생각하다)의 과거로, think-thought-thought의 불규칙변화를 보인다. that은 타동사 thought의 목적어를 이끄는 접속사로 생략이 가능하다.

I think (that) you're wrong. (내 생각엔 네가 틀렸어.)

⑤ anyway

부사로 〈어쨌든, 여하튼〉의 뜻인데, 이야기를 이어가거나 화제를 바꿀 때 〈그건 그렇고, 그런데〉의 뜻으로도 쓰인다.

문장으로 클릭클릭

비록 비가 내리고 있었지만, 나는 수영하러 갔어.

Though it was raining, I went swimming.
도우 잍 워즈 뤠이닝, 아이 웬 스위밍.

- though는 양보를 나타내는 종속접속사로 〈비록 ~일지라도〉의 뜻이며, although, even if, even though와 바꾸어 쓸 수 있다. though가 있는 양보절을 접속사 but을 써서 중문으로 바꿀 수도 있다.
  : Though he is young, he is wise.
  = He is young, but he is wise.
  그 아이는 어리지만, 현명해.

이 돌은 정말 감촉이 매끄럽다.

This stone feels really smooth.
디스 스또운 f이일즈 뤼얼리 스므드.

- smooth : 〈부드러운, 매끄러운, 평탄하게 하다, 고르게 하다〉

그는 수다쟁이다.

He has a big mouth.
히 해저 빅 마우쓰.

- a big mouth : 수다쟁이

물 속에서는 호흡할 수가 없어.

We can't breathe under water.
위 캐앤 브뤼드 언더r 워러r.

- breathe : 동사로 〈숨쉬다, 호흡하다〉

개는 숨을 헐떡이며 누워 있었다.

The dog was lying down out of breath.
디 도그 워즈 라이잉 나운 아우러브 브뤠쓰.

- breath : 명사로 〈숨, 호흡〉, 품사에 따라 철자와 발음이 달라진다.
- 현재분사 lying은 동사 lie의 -ie를 y로 바꾸고 -ing를 붙이는 점에 주의한다.

작문으로 싹싹

1 이것은 그녀의 것이고, 저것은 그의 것이야.

This is ...., and that is ....

2 그건 그렇고 지금 몇 시지?

What time is it ....?

3 그는 소파에 누워서 책을 읽고 있었다.

He was reading .... on the sofa.

4 이것들은 너의 펜이니? – 그래, 맞아.

Are .... your pencils? Yes, ... are.

5 비록 그는 나이가 늙었으나, 매우 힘이 세다.

.... he is old, he is very strong.

정답 1 hers, his 2 anyway 3 lying 4 these, they 5 Though

퀴즈! 퀴즈!

1 Her skin is very smoo.......[ð]. 그녀의 피부는 매우 부드럽다.

2 Don't speak with your mou.......[θ]ful. 음식을 입에 넣고 말하지 마라.

3 I ....[θ]ought that he is from Japan. 나는 그가 일본에서 온 줄 알았어.

4 Whose pants are ....[ð]ese? 이게 누구의 바지인가?

5 I want to ....[θ]ank you all. 여러분 모두에게 감사의 말씀을 드리고 싶습니다.

정답 1 th 2 th 3 th 4 th 5 th

Unit 10

sh는 [ʃ]로, s는 [ʒ]로

Sharon! How do you spend your leisure time?

쉐론! 하우 두 유 스뻰 유어r 리이줘?

발음 연습

sh → [ʃ] / s → [ʒ] : 양 볼을 오므리고 입술을 둥글게 말아 공기를 혀 중앙으로 모은다. 이때 입술을 둥글게 하되 지나치게 둥글게 하지 않은 상태에서 [ʃ]는 [쉬]로, [ʒ]는 [쥐] 발음을 낸다.

sh[ʃ] 쉬	sheet 쉬이트	cash 캐쉬	shore 쇼어	share 쉐어	rush r어쉬
s[ʒ] 쥐	measure 메줘	casual 캐주얼	leisure 리이줘	pleasure 플레줘	television 텔러비줜

대화로 톡톡

A Sharon! How do you spend your leisure time?
쉐론! 하우 두 유 스뻰 유어r 리이줘 타임?

B I usually relax and watch television at home.
아이 유주얼리 륄렉스 앤 워취 텔레비줜 앹 호움.

A Sounds boring.
싸운즈 보오링.

What about going rafting this weekend?
와러 바웃 고우잉 래f팅 디스 위이껜?

B That'll be great, but I'm fine. Thanks.
대를비 그뤠잍, 버 라임 f화인. 땡쓰.

A 섀론! 여가를 어떻게 보내세요?
B 대개 집에서 푹 쉬면서 텔레비전 봐요.
A 지루하겠군요. 이번 주말에 래프팅하러 가실래요?
B 멋지겠네요. 하지만 전 괜찮아요. 고마워요.

단어

spend 시간을 보내다
usually 보통
relax 편히 쉬다

단어 및 문법 설명

① spend

《(시간이나 돈을) 쓰다, 소비하다》의 뜻으로 spend-spent-spent의 불규칙변화를 보인다. spend는 시간 다음에는 전치사 in을 쓰고, 돈 다음에는 on을 쓰는 것이 원칙이나 구어체에서는 모두 on을 쓰거나 또는 생략하는 경우가 일반적이다.

Don't spend all the money on clothes. (옷 사는 데에 돈을 다 쓰지 마라.)

Don't spend time in watching TV. (TV 보는 데에 시간을 허비하지 마라.)

② usually

s의 발음은 [ʒ]이다.

③ Sounds boring

앞에 It이나 That이 생략된 문장이다.

boring : 지루한, 지겨운

④ going rafting

〈래프팅하러 가다〉, 〈go ~ ing〉은 주로 〈스포츠나 여가를 보내러 가다〉의 표현으로 많이 쓰인다.

go bungee jumping (번지 점프하러 가다)

go scuba diving (스쿠버 다이빙하러 가다)

go hunting (사냥하러 가다)

⑤ That'll

〈That will〉의 줄임 말이다.

문장으로 클릭클릭

종이 한 장 주세요.

Give me a sheet of paper.
기브 미 어 쉬이 러브 페이퍼r.
• sheet : (침대의) 시트, 종이 한 장

우리는 현금만 받습니다.

We take cash only.
위 테익 캐쉬 오운리.
• cash : 현금, 현찰 지불

와 주셔서 감사합니다.
– 저도 즐거웠습니다.

Thank you for coming. – My pleasure.
땡큐 f오r 커밍. 마이 플레줘.
• 〈Thank you.〉에 대한 응답으로 〈My pleasure.〉는 말하는 사람이 〈즐거웠다 또는 천만에요.〉의 뜻이다.

사람들이 해안가를 따라서 걷고 있다.

Some people are walking along the shore.
썸 피플 아r 워킹 어롱 더 쇼어r.
• shore : 강가, 해안가

나는 친구와 함께 방을 같이 쓰고 있다.

I share a room with my friend.
아이 쉐어 러 룸 위드 마이 f흐렌드.
• share ~ with : 〈~와 함께 ~을 같이 쓰다〉

네가 우연히 한 말이 그녀의 마음을 상하게 했다.

Your casual words hurt her feelings.
유어r 캐주얼 워어r즈 허r 러r f이링즈.
• casual : 우연의, 우발적인, 무심결의, 평상복의
• hurt(다치게 하다, 상하게 하다)–hurt–hurt

나는 아침 러시 아워를 정말 싫어해.

I hate the morning rush hours.
아이 헤이츠 더 모오닝 러쉬 아워스.
• rush : 돌진(하다), 쇄도(하다)

방을 재 보자.

Let's measure the room.
레츠 메줘 더 룸.
• measure : 측정(하다), 치수를 재다

작문으로 싹싹

1 회의는 지루했다.

The meeting was ....

2 감사합니다. – 천만에요.

Thank you. – My ....

3 그는 여행하는데 돈을 다 써 버렸다.

He .... all the money on traveling.

4 나는 대개 책 보면서 편히 쉰다.

I .... relax by reading.

5 우산을 같이 써도 될까요?

May I .... your umbrella?

정답 1 boring 2 pleasure 3 spent 4 usually 5 share

퀴즈! 퀴즈!

1 Put a ......eet on the bed. [ʃ] 침대에 시트를 깔아라.

2 Ca...... or charge? [ʃ] 현금으로 하시겠어요, 카드로 하시겠어요?

3 Don't worry. The ru...... hour is over. [ʃ] 걱정 마세요. 러시 아워는 끝났어요.

4 Dress is ca......ual. [ʒ] 복장은 평상복 차림이다.

5 The room mea......ures 5m wide. [ʒ] 그 방은 폭이 5m이다.

정답 1 sh 2 sh 3 sh 4 s 5 s

Unit 11

j와 -dge는 [dʒ]로

Jane! Your father is a judge, right?

쟤인! 유어r f화더r 이즈 어 줘쥐, 롸잍?

발음 연습

j / dge → [dʒ] : [dʒ]는 [d]와 [ʒ]가 합쳐진 소리로 입술을 모아 앞으로 내민 상태에서 힘을 넣어 [쥐] 소리를 낸다.

j[dʒ] 쥐	Jane 줴인	jail 줴일	joking 조우킹	journey 줘어니	junior 주니어
dge[dʒ] 쥐	judge 줘쥐	bridge 브뤼쥐	edge 에쥐	lodge 라쥐	budget 버쥣

대화로 톡톡

A Jane! Your father is a judge, right?
쟤인! 유어r f화더r 이즈 어 줘쥐, 롸잍?

B Yeah, that's true.
야, 댙츠 츄루.

A Well, Joe is having a hard time in jail. I mean⋯.
웰, 죠 이즈 해빙 어 하아드 타임 인 쟤일. 아이 미인⋯.

B That doesn't make sense. You must be joking.
댙 더즌 메잌 센스. 유 머슽 비 조우킹

A 제인! 너희 아버지 판사지, 그렇지?
B 그래, 맞아.
A 저기, 조가 감옥에서 고생하고 있잖아. 내 말은⋯.
B 말도 안돼. 너 농담이지.

단어

judge 판사, 재판관
jail 감옥, 교도소
hard 어려운, 힘든
joke 농담, 장난

단어 및 문법 설명

① judge

j도 [dʒ]소리로 발음하고, -dge도 [dʒ]소리로 발음한다.

② that's true

상대의 말에 동의할 때 쓴다.

③ have a hard time

hard time은 〈어려움, 힘든 시기〉의 뜻으로, have a hard time은 〈힘든(어려운) 시기를 보내다〉

④ jail

〈감옥〉, go to jail은 〈감옥에 가다〉

⑤ I mean~

보충 설명이나 잘못된 표현을 바로 잡을 때 〈즉, 아니, 그러니까, 내 말은〉의 뜻이다.

⑥ make sense

말이 되다, 사리에 맞다

⑦ must be

〈~임에 틀림없다〉의 뜻으로 현재에 대한 강한 추측을 나타낸다.

문장으로 클릭클릭

여행 잘 다녀 오세요.

I wish you a good journey.
아이 위시 유 어 굳 줘어니.

- I wish : 남을 위해 ~을 빌다
- journey는 장거리 육상 여행을 말한다. voyage는 해상 여행을 말하고, trip은 비교적 짧은 여행이나 관광을 말한다.

그는 나이를 더 먹었지만 내 후배야.

He is older, / but he's junior to me.
히 이즈 오울더r, 벋 히즈 주니어r 투 미.

- junior : 〈나이 어린, 연소자의, 후배의〉의 뜻이며, 〈(2년제에서) 1학년생의, (3년제에서) 2학년생의, (4년제에서) 3학년생의〉의 뜻이다.

그들은 다리를 건설 중에 있다.

They are building a bridge.
데이 아r 빌딩 어 브뤼쥐.

- build(세우다)-built-built

이 칼은 끝이 날카롭다.

This knife has a sharp edge.
디스 나이f 해저 샤아앞 에쥐.

- knife : n앞에 있는 k는 소리가 나지 않는다. 예를 들어, knee, know, knock, knit 등의 단어들 역시 k는 발음하지 않는다.

어디에 묵고 있나요?

Where are you lodging?
웨어 아r 유 라쥥?

- lodging는 lodge의 현재분사로, -e로 끝나는 동사는 -e를 없애고 -ing를 붙인다.

우리는 예산을 삭감하지 않으면 안 되었다.

We had to cut the budget.
위 핻 투 컽 더 버쥩.

- had to : have to의 과거로 〈~해야 한다, ~하지 않으면 안 된다〉의 뜻이다.
- cut the budget : 예산을 삭감하다

작문으로 싹싹

1 그는 정말 힘든 시기를 보냈다.

He really had a .... time.

2 그게 말이 되다고 생각하니?

Do you think it makes ....?

3 새해 복 많이 받으세요.

I .... you a Happy New Year.

4 비밀을 말하지 않으면 안 되었다.

I .... tell the secret.

5 분명 농담일 거야.

It .... be joking.

정답 1 hard 2 sense 3 wish 4 had to 5 must

퀴즈! 퀴즈!

1 She's my ...unior by two years. [dʒ] 그녀는 나보다 두 살 어리다.

2 I'm going to cross the bri...... . [dʒ] 그 다리를 건널 거야.

3 Don't put it on the e...... of the table. [dʒ] 식탁 가장자리에 놓지 마라.

4 Have a good ...ourney. [dʒ] 여행 잘 다녀오세요.

5 He is a famous ju...... . [dʒ] 그는 유명한 판사이다.

정답 1 j 2 dge 3 dge 4 j 5 dge

Unit 12

l와 r

I'll read under the lamp.

아일 뤼이드 언더 더 램프.

발음 연습

[l] / [r] : [l]은 혀 끝을 윗니 뒤에 댄 상태에서 [을]이라고 소리를 내고, [r]은 혀를 입천장에 닿지 않게 구부린 상태에서 [(우) r] 소리를 낸다. [l]은 우리 말의 [ㄹ]와 유사한 소리이지만, [r]은 우리 말에 없는 소리로 [r]소리를 내기 직전에 [우] 소리를 첨가하면 거의 정확한 [r]발음을 할 수 있다.

l[l] 르	light 라일	lead 리이드	lace 래이스	glide 글라이드	fly f흘라이
r[r] (우)r	right 롸일	read 뤼이드	race 뢔이스	grade 그뢔이드	fry f후라이

대화로 톡톡

A You must be tired, Linda.

You go to sleep first.

유 머슽 비 타이어드, 린다. 유 고우루 슬리입 f어스트.

B OK. Can I turn off the light, then?

오우케이. 캔 아이 터언 어프 더 라일, 덴?

A Sure. I'll read under the lamp.

슈어. 아일 뤼이드 언더 더 램프.

B Thanks. Which part are you reading right now?

땡스. 위취 파앝 아r 유 뤼이링 롸잍 나우?

A 피곤한가 보구나, 린다. 너 먼저 자.

B 그래. 그럼 불 좀 꺼도 되겠니?

A 물론. 나는 램프 밑에서 읽을게.

B 고마워. 지금 어느 부분 읽고 있는 거야?

단어

must be ~임에 틀림없다.
under 아래에
lamp 램프

단어 및 문법 설명

① You go to sleep first

명령문 앞에 주어를 명시한 경우이다. 명령문은 지시, 명령, 권유, 부탁, 충고, 금지 등을 나타낼 때 쓰는 문장이다.

명령문의 주어는 you이고 생략하는 것이 보통이나 명령문의 내용을 강조하기 위해서 주어를 명시한다.

명령문은 동사의 원형으로 시작하고 부정은 동사 앞에 Don't나 Never를 쓴다.

② turn off

끄다, 잠그다

turn on : 켜다

③ then

부사로 〈그렇다면, 그러면〉의 뜻이다.

④ I'll read

I'll은 I will의 축약으로, 여기에서 조동사 will은 화자가 말을 함과 동시에 결정을 내리거나 제안할 때 쓴다.

The phone is ringing. I'll get it. 〈전화가 울리고 있다. 내가 받을게.〉

read는 뒤에 목적어를 필요로 하는 타동사로도 쓰이고, 목적어가 필요하지 않는 자동사로도 쓰인다.

I'm reading a book. (o)

I'm reading. (o)

타동사로서 목적어(a book)를 쓴 문장은 3형식(주어+동사+목적어)이고, 자동사로서 목적어를 쓰지 않은 문장은 2형식(주어+동사)이다.

문장으로 클릭클릭

네가 앞장서라, 그러면 우리가 따르겠다.

You lead, / and we'll follow.
유 리이드, 앤 위일 f활로우.

• 〈명령문+and〉은 〈~해라, 그러면〉의 뜻이고, 〈명령문+or〉은 〈~해라, 그렇지 않으면〉의 뜻이다.
: Study hard, and you'll succeed.
열심히 공부해라, 그러면 성공할거야
Study hard, or you'll fail.
열심히 공부해라, 그렇지 않으면 실패할거야.

그 아이는 아직 신발 끈을 묶지 못해.

The kid can't tie his shoe-laces yet.
더 키드 캐앤 타이 히 슈 레이시즈 옡.

• yet은 부정문에 쓰여 〈아직 ~ 않다〉

레이가 경주에서 이겼다.

Ray won the race.
뢔이 원 더 뤠이스.

• win(이기다)-won-won

우리는 스키 타는 사람들이 슬로프로 활주하는 모습을 보았다.

We watched the skiers glide down the slope.
위 워췻 더 스끼어즈 글라이 다운 더 슬로웁.

• 지각동사(watch, see, hear, listen to, look at 등)가 있는 5형식문장(주어+동사+목적어+목적격보어)이다. 목적어가 사람이므로 목적보어는 to 부정사 대신 동사의 원형(guide)을 써야 한다.

나는 수학에서 가장 높은 점수를 받았다

I got the highest grade in math.
아이 같 더 하이스트 그뢔이드 인 매쓰.

• 형용사 high의 최상급은 the highest이다.

볶음밥 속에 파리가 있었다.

I saw a fly / in my fried rice.
아이 쏘 어 f훌라이 인 마이 f롸이드 롸이스.

• fly : 동사로는 〈날다, 비행하다〉, 명사로는 〈파리〉의 뜻이다.

그는 카레라이스를 매우 좋아한다.

He likes curry and rice very much.
히 라잌스 커뤼 앤 롸이스 베리 머취.

• rice와 유사한 소리가 나는 lice(이, 기생충)와 주의해서 발음한다.

작문으로 쓱싹

1 누가 노크하고 있다. 내가 나갈게.

Somebody is knocking on the door. I .... get it.

2 그는 아직 안 왔는데.

He hasn't come ....

3 그가 우는 소리 못 들었니?

Didn't you hear him ....?

4 절대로 지각하지 마라.

Never .... late for work.

5 더 빨리 달려라. 그러면 경주에서 이길 것이다.

Run faster, ... you'll win the race.

정답 1 will 2 yet 3 cry/crying 4 be 5 and

퀴즈! 퀴즈!

1 This road will ...ead you to the house. [l] 이 길을 따라가면 그 집이 나올 거야.

2 This is my x-...ay. [r] 이것은 나의 엑스레이 사진이야.

3 I'm in the first g...ade. [r] 나는 일학년이야.

4 There is a f...y on the ceiling. [l] 천장에 파리 한 마리가 있다.

5 Linda loves f...ied potatoes. [r] 린다는 튀긴 감자를 정말 좋아해.

정답 1 l 2 r 3 r 4 l 5 r

Unit 13

[m], [n], [ŋ]

Mary! Your son has a nice smile.

메뤼! 유어r 썬 해저 나이 스마일.

발음 연습

[m] / [n] / [ŋ] : 양 입술을 다물어 약간 문 상태에서 [m]은 [므] 소리를 내고, [n]은 [느] 소리를 내고, [ŋ]은 [응] 소리를 낸다. 이 소리들은 입 안에서 소리를 내다가 콧등으로 소리를 보내어 콧소리를 내는 비음이다.

m[m] 므	mice 마이스	sum 썸	mighty 마이리	mail 메일	smile 스마일
n[n] 느	nice 나이스	sun 썬	naughty 나리	nail 네일	snail 스네일
n[ŋ] 응	mink 밍크	sung 썽	monkey 멍키	lung 렁	young 영

대화로 톡톡

A Mary! Your son has a very nice smile.
메뤼! 유어r 썬 해저 나이 스마일.

B Thanks. But he's very naughty, you know.
땡스. 벋 히즈 베리 나리, 유 노우.

A You're right. Boys will be boys.
유어 롸일. 보이즈 윌 비 보이즈.

B That's true.
댈 츄루.

Sometimes he drives me so crazy.
썸타임즈 히 쥬라이브즈 미 쏘우 크레이지.

A 메리! 당신 아들은 미소가 정말 예쁘군요.
B 고마워요. 하지만 정말 개구쟁이랍니다.
A 맞아요. 애들은 애들이라니까요.
B 그러게요. 어떨 때는 저 애 때문에 혼이 다 빠진다니까요.

단어

naughty 장난꾸러기인
sometimes 때때로
drive ~하게 하다

단어 및 문법 설명

① Your son has a nice smile.

〈미소가 멋지다〉의 뜻으로 주어(your son)가 단수이므로 동사(has)도 주어의 수에 일치시켜야 한다.

I have a nice hat. (나에게 멋진 모자가 있다.)

She has a nice hat. (그녀에게 멋진 모자가 있다.)

② naughty

(아이가) 말을 듣지 않고 장난꾸러기인, 개구쟁이인, 버릇없는

③ Boys will be boys

조동사 will의 여러 의미 중 습성, 습관, 경향을 나타내어 〈~하기 마련이다, 곧잘 ~하곤 한다〉의 뜻이다.

④ he drives me so crazy

drive는 〈~을 몰아대어 ~한 상태로 만들다〉의 뜻으로 목적어(me)를 대단히 미치게 한다〉의 뜻이다.

문장으로 클릭클릭

밍크는 작은 동물이다.

A mink is a small animal.

어 밍크 이저 스몰 애니멀.

• mink : 족제비과의 동물, 모피, (여성의) 밍크 코트

구멍 안에 쥐들이 있다.

There are some mice / in the hole.

데어 아r 썸 마이스 인 더 호울.

• There는 부사로 문장을 유도할 뿐 해석은 하지 않으며, 주어가 some mice로 복수이므로 동사도 are로 복수로 써야 한다.

• mice는 mouse(생쥐)의 복수형이다.

어린 원숭이가 양지에서 잠을 자고 있다.

The young monkey is sleeping / in the sun.
더 영 멍키 이 슬리핑 인 더 썬.

- monkey의 n은 [ŋ]발음이다.

나는 벽에 못을 박았다.

I hit a nail / on the wall.
아이 히러 네일 온 더 월.

- hit이 동사변화는 hit hit hit으로 불규칙변화를 보인다.
- nail은 〈못, 손톱, 발톱〉

그는 달팽이처럼 느릿느릿하다.

He is as slow as a snail.
히 이즈 애즈 슬로우 애저 스네일.

- 〈as ~ as〉는 비교 대상을 동등하게 비교하는 구문으로 〈~만큼 ~하다〉의 뜻이다.

이 노래가 바로 그녀가 지금까지 여러 차례 불렀던 그 노래이다.

This is the very song / that she has sung many times.
디스 이즈 더 베리 쏭 댈 쉬 해즈 성 매니 타임즈.

- 관계대명사 that의 용법으로 선행사(song) 앞에 the very가 올 경우에는 which는 쓸 수 없고 that만 쓸 수 있다.

그는 폐암으로 죽었다.

He died of lung cancer.
히 다이더브 렁 캔서r.

- die of은 질병, 굶주림, 노령으로 죽다

5와 5의 합은 10이다.

The sum of 5 and 5 is 10.
더 섬 어브 파이브 앤 파이브 이즈 텐.

- sum : 합계, 총계, ~을 합계하다, 요약하다
- to sum up : 요약해서 말하면

그의 두 번째 앨범은 대성공이다.

His second album is a mighty hit.
히 세컨 앨범 이저 마이리 힡.

- mighty : 〈힘있는, 강력한〉, 구어체에서는 great의 의미로 〈굉장한, 대단한〉

작문으로 싹싹

1 너는 꽃처럼 아름답다.

You are ______ beautiful ______ a flower.

2 내 남동생은 친구가 많다.

My brother ______ a lot of friends.

3 요컨대, 너는 운 좋은 애야.

To ______ up, you're a lucky girl.

4 이것이 바로 내가 잃어버린 그 카메라야.

This is the very camera ______ I had lost.

5 그녀는 노령으로 돌아가셨다.

She died ______ old age.

정답 1 as, as 2 has 3 sum 4 that 5 of

퀴즈! 퀴즈!

1 I have a very __aughty brother. [n] 나는 아주 장난꾸러기인 남동생이 있다.

2 The __ice are eating some cheese. [m] 쥐들이 치즈를 먹고 있다.

3 Don't chew your __ails. [n] 손톱을 깨물지 마라.

4 A you__g lady wants to see you. [ŋ] 젊은 아가씨가 너를 보자고 한다.

5 He forgot to __ail the letter. [m] 그는 편지 부치는 것을 잊었다.

정답 1 n 2 m 3 n 4 n 5 m

Unit 14

sk, st, sp

Steve! Do you know how to ski?

스띠브! 두 유 노우 하우 루 스끼?

발음 연습

[sk] / [st] / [sp] : s다음에 k, t, p가 오면 된소리로 발음을 하여, [sk]는 [스끄]로, [st]는 [스뜨]로, [sp]는 [스쁘]로 발음을 한다. 이 때 sk, st, sp 다음에는 모음이 온다.

sk[sk] 스끄	sky 스까이	ski 스끼	skirt 스꺼어트	skip 스낖	skil 스낄
st[st] 스뜨	star 스따	story 스또리	start 스따아트	stay 스떼이	stop 스땊
sp[sp] 스쁘	spy 스빠이	speak 스삐이크	spit 스삣	special 스뻬셜	spaghetti 스빠게디

대화로 톡톡

A Steve! Do you know how to ski?
스띠브! 두 유 노우 하우 투 스끼?

B Not very well. I've just started to learn.
낱 베리 웰. 아브 줘스트 스따아릿 투 러언.

A I can teach you some skills, If you want.
아이 큰 티이츄 썸 스낄즈, 이프 유 원.

B Do you really mean it? Thank you, Stella.
두 유 뤼얼리 미이닡 ? 땡큐, 스뗄라.

A 스티브! 스키 탈 줄 알아요?
B 잘 못 타요. 이제 막 배우기 시작했거든요.
A 기술을 좀 가르쳐 줄 수 있는데, 원한다면요.
B 진심이에요? 고마워요, 스텔라.

단어

how to ~하는 방법
ski 스키를 타다
well 잘

단어 및 문법 설명

① Steve
[스띠브]로 발음한다.

② how to ski
〈의문사+to부정사〉 구문으로 타동사 know의 목적어이다.

③ Not very well
〈I don't ski very well.〉을 줄인 말이다.

④ I've just started to learn
현재완료의 구문으로 완료용법이며, 뜻은 〈이제 막 ~ 하였다〉이다.

⑤ teach
목적어를 두 개 필요로 하는 4형식 문장의 수여동사로, 간접목적어(~에게)는 you이고, 직접목적어(~을)는 some skills이다.

⑥ if
조건을 나타내는 접속사로 〈만약 ~라면〉의 뜻이다.

⑦ mean it
진심이다, 농담이 아니다

문장으로 클릭클릭

하늘 좀 그만 바라보겠니?

Will you stop looking at the sky?
웰 유 스땁 루킹 앹 더 스까이?

• stop은 목적어 자리에 동사가 올 경우 to부정사를 쓰면 안 되고, 반드시 동명사를 써야 한다.

오늘의 정식은 무엇인가요? –

What's today's special? –
와츠 투데이즈 스뻬셜?

스파게티에요.

It's spaghetti.
이츠 스빠게리.

• special : 형용사로는 〈특별한, 특히 소중한 〉, 명사로는 〈특별한 것/사람/ 요리, 정식〉의 뜻이다.

그 스파이는 5개 국어를 말할 수 있다.

The spy can speak 5 languages.
더 스빠이 큰 스뻬이크 파이브 랭귀쥐즈.

• language : 언어, 말, 국어

'비'는 아시아에서 유명한 스타야.

'Rain' is a famous star / in Asia.
뢔인 이저 페이머스 스따 인 에이저.

• star : 동사로는 〈주연하다〉, star as는 〈~로 주연하다〉의 뜻이다.

런던에서 얼마 동안 계실 건가요?

How long will you stay / in London?
하우 롱 윌 유 스떼이 인 런던?

• will은 〈예정, 의지, 제안, 요청, 고집, 경향〉등을 나타내는 조동사로, 여기에서는 〈예정〉을 나타내는 의미로 쓰였다.

오늘은 저녁을 건너뛸 거야.

I'm going to skip dinner today.
아임 고잉 투 스낍 디너 투데이.

• skip : 뛰어다니다, 건너 뛰다. 빼다, 수업을 빼 먹다

재미있는 이야기 하나 해 줄게.

Let me tell you an interesting story.
렌 미 텔 유 언 인터뢔스팅 스또리.

• 〈Let me~〉는 〈I'll ~〉과 바꾸어 써도 되며, 뜻은 〈내가 ~할게〉이다.

바닥에 침을 뱉지 마시오.

Don't spit on the floor

도운 스삗 온 더 플로어.

• spit : 침, 침을 뱉다

작문으로 쓱싹

1 스케이트 탈 줄 아니?

Do you know how ________ skate?

2 제발 거짓말 좀 그만 해.

Please stop ________ me lies.

3 원한다면 그거 가져도 좋아.

________ you want, you can take it.

4 몇 개 국어를 하세요?

How many languages do you ________?

5 진심이 아니었어요.

I didn't ________ ________.

정답 1 to 2 telling 3 If 4 speak 5 mean it

퀴즈! 퀴즈!

1 She's my ____ecial friend. [스쁘] 그녀는 나의 각별한 친구야.

2 Look at the falling ____ar. [스뜨] 떨어지는 저 별을 봐.

3 ____ay away from my daughter. [스뜨] 내 딸에게 얼씬도 하지 마라.

4 What a pretty ____irt! [스끄] 정말 예쁜 치마구나.

5 Don't ____it it out. [스쁘] 뱉지 마라.

정답 1 sp 2 st 3 St 4 sk 5 sp

Unit 15

dr와 tr

I want to try that dress on.

아이 워너 츄라이 댈 쥬레스 온.

발음 연습

[dr] / [tr] : d와 t다음에 r이 올 경우 [dr]은 [쥬]로 발음하고, [tr]은 [츄]로 발음한다.

dr[dr] 쥬	dry 쥬롸이	drop 쥬랖	drain 쥬뤠인	drive 쥬롸이브	dress 쥬뢔스
tr[tr] 츄	try 츄롸이	trip 츄륖	train 츄뤠인	truck 츄럭	trouble 츄뤄블

대화로 톡톡

A I'd like to drop by this store for a second.
아드 라잌 투 쥬랖 바이 디 스또어 포러 쎄컨

B What for? We've got to hurry.
왙 포? 위브 같 투 허리.

A I want to try that dress on. Isn't it cool?
아이 원 투 츄라이 댈 쥬레스 온. 이즌 잍 쿠울?

B Yeah, but you can try it on later.
야, 벋 유 큰 츄라이 이런 레이러.

A 잠깐 이 가게에 들르고 싶은데.
B 왜? 서둘러야 하잖아.
A 저 드레스 입어보고 싶어. 멋지지 않아?
B 그래, 하지만 나중에 입어보면 되잖니.

단어

- store 가게
- second 1초, 두 번째
- hurry 서두르다
- cool 멋진, 시원한

단어 및 문법 설명

① I'd like to

〈I would like to〉의 줄인 표현으로 〈~하고 싶다〉의 뜻인데, 〈I want to~〉와 바꾸어 쓸 수 있으나, 〈I want to~〉보다 공손한 표현이다.

② drop by

〈들르다〉의 뜻으로, drop는 〈한 방울, 똑똑 떨어지다, 떨어트리다〉이다.

③ What for?

〈왜, 무엇 때문에?〉의 뜻으로 Why?와 같은 표현이다.

④ We've got to hurry

have got to는 구어체에서 자주 사용하는 표현으로 〈~해야 한다〉의 뜻이다.

⑤ try ~ on

~을 입어 보다, 써보다

⑥ try it on

it은 앞에 나온 that dress를 다시 받는 대명사이다.

문장으로 클릭클릭

그 트럭 기사가 큰 문제를 일으켰다.

The truck driver caused a big trouble.

더 츄럭 쥬라이버 코즈드 어 빅 츄러블.

• trouble : 문제, 말썽

페인트가 마를 때까지 만지지 마시오.

Don't touch it / until the paint is dry.

도운 터취잍 언틸 더 페인티즈 쥬라이.

• until은 시간을 나타내는 접속사(until, when, as, before, after, as soon as, while 등)로 현재시제(is)가 미래를 나타낸다.

: I'll call you when I get there.

I'll call you when I will get there. (x)

거기에 도착하면 전화할게.

일본 여행은 어땠나요?

How was your trip to Japan?

하우 워즈 유어 츄맆 투 저팬?

• trip to : ~로의 여행, trip은 비교적 짧은 여행

비 오는 밤에 운전하는 일은 매우 위험하다.

To drive in the rain at night / is very dangerous.

투 쥬라이브 인 더 레인 앹 나잍 이즈 베리 데인줘뤄스.

• 주어는 To drive in the rain at night으로 상당히 길어 문장이 부자연스러우므로 이를 뒤로 보낼 수가 있다.

: It is very dangerous to drive in the rain at night.

이 때 앞에 있는 It은 가주어라 하며 해석하지 않고, to drive 이하는 진주어라 한다.

나는 기차로 출근한다.

I go to work / by train.

아이 고우 루 워어크 바이 츄뤠인.

• by는 교통 수단을 나타내는 진지사이나.

by car : 자동차로, by plane : 비행기로

부엌 하수구가 막혔다.

The kitchen drain is stopped up.

더 키친 쥬뤠인 이즈 스땊텁.

• be stopped up : 구멍이 막히다

작문으로 쓱싹

1 이 모자를 써 보시겠어요.

Will you .... this hat ....?

2 왜 화가 났었는지 알고 싶군요.

I'd .... to know why you were angry.

3 너는 진찰을 받아야겠어. – 무엇 때문에?

You need to see a doctor. – What ....?

4 이제 가 봐야 해요.

I've .... to go now.

5 집에 도착하면 전화할게.

I'll call you .... I get home.

정답 1 try on 2 like 3 for 4 got 5 when

퀴즈! 퀴스!

1 I don't want to be any ...[tr]... ouble to you. 당신에게 폐를 끼치고 싶지 않아요.

2 Did you enjoy your ...[tr]... ip to Rome? 로마 여행은 즐거웠니?

3 Do you know how to ...[dr]... ive a truck? 트럭 운전 할 줄 아세요?

4 The ...[tr]... ain is arriving. 기차가 들어오고 있다.

5 You can ...[dr]... op me here. 여기에서 내려 주세요.

정답 1 tr 2 tr 3 dr 4 tr 5 dr

Unit 16

S와 Z

Sue is suing for a divorce.

쑤 이즈 쑤잉 포러 디보오스.

발음 연습

[s] / [z] : [s]와 [z]는 혀가 입 천장에 닿지 않게 내는 소리로, [s]는 [쓰/스]로 공기를 밖으로 내보내는 듯이 발음하고, [z]는 그 상태에서 성대를 울리는 [즈] 발음을 한다.

s[s] 쓰/스	sip 앂	seal 씨일	Sue 쑤	cease 씨이스	seat 씨이트
z[z] 즈	zip 짚	zeal 지일	zoo 주	seize 씨이즈	zebra 지브러

대화로 톡톡

A How's Sue?
하우즈 쑤?

B She's suing for a divorce.
쉬즈 쑤잉 포러 디보오스.

A Oh, no. What about the kids?
오, 노우. 와러바웉 더 키즈?

B Simon is showing unusual zeal for custody of them.
싸이몬 이즈 쇼우잉 언유주얼 지일 포 커스터디 어브 뎀.

A 쑤는 어떻게 지내고 있어?
B 지금 이혼 소송 중이야.
A 오, 이런. 애들은 어떻게 되는 건가?
B 싸이몬이 뜻밖에도 애들 양육에 집착을 보이고 있다는군.

단어

sue 소송하다
divorce 이혼
zeal 열의, 집착
custody 보호, 양육권

단어 및 문법 설명

① suing for a divorce

여자 이름 Sue와 동사 sue는 동음이의어이다. 동사 sue는 전치사 for를 동반하여 〈소송을 제기하다, 고소하다〉의 뜻이다. 분사를 만들 때에는 -e를 빼고 -ing를 만든다. 현재진행형(is suing) 시제를 쓰고 있으므로 소송이 지금 진행 중임을 알 수 있다.

② What about the kids?

〈what about~?〉이 제안을 나타낼 때에는 〈~은 어때?〉로 〈how about~?〉과 바꾸어 쓸 수 있다. 그러나 〈what about~?〉이 불만, 반대, 비난을 나타낼 경우에는 〈~은 어떻게 되는 건가?, ~은 어쩌는가?〉의 뜻이다.

③ unusual

〈이례적인, 예외적인, 별난〉의 뜻으로 un은 부정접두사이다.

④ zeal for

~에 대한 열성, 집착

⑤ custody

특히 미성년자에 대한 〈보호, 감독〉의 뜻으로 쓰인다.

문장으로 클릭클릭

우리는 레몬에이드를 홀짝이며 정원에 앉아 있었다.

We were sitting in the garden / sipping lemonade.

위 워 씨딩 인 더 가아든 씨핑 레몬에이드.

- sip : 〈적은 양을 마시다, 홀짝이다, 한 모금, 홀짝거림〉
- sipping은 동시동작을 나타내는 분사의 부대상황으로, 분사 sipping에 while이 내포되어 있어 〈~하면서 ~하다〉로 동작이 동시에 일어나는 경우를 말한다.

네 자리로 돌아가거라.

Go back to your seat.

고우 백 투 유어 씨이트.

- seat : 좌석, 자리, 앉히다, 착석시키다.

꿀 단지를 잘 밀봉해야 한다.

The honey jar must be well sealed.

더 허니 좌 머슽 비 웰 씨일드.

- seal : 봉인, 밀봉하다, 바다표범
- jar : 유리로 된 병 또는 단지
- 주어가 사물로 동작을 받는 수동태 구조(be+과거분사)이다. 행위를 하는 사람보다 사물에 보다 중점을 두고자 할 경우 수동태를 자주 쓴다.

동물원에서 일하는 거 그만둘 거야.

I'll cease working in the zoo.

아일 씨이스 워어킹 인 더 주.

- cease : 〈~하는 것을 그만두다, 끝내다〉의 뜻으로 목적어로 동명사를 취한다.

그들이 얼룩말의 꼬리를 붙잡았다.

They seized the zebra by the tail.

데이 씨이즈더 지브러 바이 더 테일.

- 〈seize/take + 목적어 + by + 신체의 일부분〉은 〈~을 붙잡다〉

우편번호를 말씀해 주세요.

Tell me your zip code, please.

텔미 유어 짚 코우드, 플리즈.

- zip code : 우편번호

작문으로 싹싹

1 네가 한 약속은 어쩌고?

What ______ your promise?

2 그 영화는 정말 이례적이었다.

The movie was really ______.

3 우리는 돈을 그만 써야 한다.

We must cease ______ money.

4 그가 내 팔을 붙잡았다.

He took me ______ the arm.

5 그 노인은 돈에 대해 대단한 집착을 갖고 있다.

The old man has great ______ ______ money.

정답 1 about 2 unusual 3 spending 4 by 5 zeal for

퀴즈! 퀴즈!

1 We went to the ___oo yesterday. [Z] 우리는 어제 동물원에 갔다.

2 Have a ___eat, please. [S] 좀 앉으시죠.

3 He didn't ___eal the lid of the jar. [S] 그가 단지 뚜껑을 밀봉하지 않았다.

4 You need to write down your ___ip code. [Z] 우편번호를 쓰셔야 합니다.

5 He drank hot water in ___ips. [S] 그는 뜨거운 물을 홀짝 마셨다.

정답 1 z 2 s 3 s 4 z 5 s

Unit 17

-ed는 [t]/[d]/[id]로

We missed you so much.

위 미스츄 쏘우 머취.

발음 연습

[t]/[d]/[ɪd] : 동사에 -ed를 붙여 과거를 만드는데, 어미가 -s, -k, -p, -ch, -sh로 끝나는 동사 뒤의 -ed는 [t] 소리가 나고, -e, -n, -y로 끝나는 동사 뒤의 -ed는 [d] 소리가 나며, -t, -d로 끝나는 동사 뒤의 -ed는 [id] 소리가 난다.

-ed[t] 트	missed 미스트	kicked 킥트	helped 헬프트	watched 워취트	finished f이니쉬트
-ed[d] 드	lived 리브드	loved 러브드	planned 플랜드	played 플레이드	cried 크롸이드
-ed[id] 이드	wanted 원티드	needed 니디드	invited 인바이리드	waited 웨이리드	wounded 운디드

대화로 톡톡

A Welcome home. We missed you so much.
웰컴 호움. 위 미스츄 쏘우 머취.

B Me, too. Actually I had planned to
미 투우. 액츄얼리 아이 해드 플랜 투
stay longer, but you wanted to
스떼이 롱거, 벋 유 원닛투
see me as soon as possible.
씨이 미 애 쑤운 애즈 파서블.

A Yes, we did. We're so glad to see you.
예스, 위 디드. 위어 쏘우 글래투 씨이 유.

B So good to be home.
쏘우 굳 투 비 호움.

A 어서 오렴. 정말 보고 싶었단다.
B 저도요. 사실 더 오래 있으려고 했었는데. 될 수 있는 한 빨리 저를 보고 싶어하셨죠.
A 그래. 보게 보니 정말 기쁘구나.
B 집에 오니 정말 좋아요.

단어

miss 그리워하다 plan ~을 계획하다 longer 더 오래
actually 사실,실제로 stay 머물다

단어 및 문법 설명

① missed you

-ed의 [t] 소리와 you가 결합하여 [츄]로 발음한다.
miss는 〈그리워하다, ~을 놓치다〉의 뜻이다. Miss는 미혼 여성의 이름 앞에 붙이는 경칭이다.

② had planned

과거보다 앞 선 시제로 대과거라고 한다.
plan은 〈단모음 a + 단자음 n〉의 형태로 같은 자음 n을 하나 더 붙이고 -ed를 붙인다.

③ wanted to

〈원티드 투〉는 〈워닛투〉로 발음하는데, 그 이유는 -n 다음의 t소리는 묵음이 되기 때문이다.

④ as soon as possible

as의 [즈] 소리와 유사한 [s] 소리가 결합할 경우 [즈] 소리는 묻히게 되어 거의 들리지 않는다.
〈as ~ as possible〉은 〈가능한한 ~하게〉의 뜻이며, as ~ as 사이에는 형용사나 부사가 온다.

⑤ glad to

〈글래드 투〉는 -d와 유사한 자음 t가 결합할 경우 -d가 소리나지 않아 〈글래 투〉로 발음한다.

문장으로 클릭클릭

그는 학교에서 퇴학당했다.

He was kicked out of school.

히 워즈 킥트 아우러브 스꾸울.

- kick : 차다, 걷어차다
- 수동태 구문으로 주어가 ~한 행위나 동작을 당한 것으로 주어의 의지는 없다.

나는 그들이 가게로 들어가는 것을 보았다.

I watched them enter the store.

아이 워췻 뎀 엔터 더 스또어.

- watched의 -ed는 [t] 소리가 나는데 유사한 자음 [ð]와 결합하여 〈워췻 뎀〉으로 발음한다.

아직 그 책을 다 읽지 못했다.

I haven't finished reading the book yet.

아이 해븐 f이니쉬트 뤼딩 더 북 옛.

- 〈haven't finished ~ yet〉은 〈아직 끝내지 않았다〉의 뜻으로 현재완료 구문의 완료용법이다. 과거에 시작된 어떤 행위가 아직 현재에까지 영향을 미치는 것을 현재완료라고 한다. 동사 finish 다음에는 동명사를 목적어로 취한다.

우리는 운동장에서 야구를 했다.

We played baseball / in the playground.

위 플레이드 베이스볼 인 더 플레이그롸운드.

- 〈자음+-y〉는 -y를 i로 바꾸고 -ed를 붙이고, 〈모음+y〉는 -y를 i로 바꾸지 않고 바로 -ed를 붙여 과거를 만든다.
  study-studied, try-tried, carry-carried, play-played
  stay-stayed, enjoy-enjoyed

그녀는 프레드가 자기만 빼고 모두 초대해서 엄청 울었다.

She cried a lot / because Fred invited everybody except her.

쉬 크롸이드 어 랄 비코즈 프뤠드 인바이릿 에브리바리 익셉트 허.

- because는 이유를 나타내는 접속사이다
- except- ~을 제외하고

부상자들이 들판에 누워 있었다.

The wounded were lying / in the field.

더 운디드 워어 라이잉 인 더 피일드.

- wounded : 상처를 입은, 부상한〈the + 형용사〉는 복수 보통명사이다.
  the wounded = wounded peoplelying
- 동사 lie(~에 눕다, 놓다)의 분사는 -ie를 y로 바꾸고 -ing를 붙인다.

작문으로 쓱싹

1 그녀는 모든 사람의 사랑을 받았다.

She was ______ by everybody.

2 나는 열심히 공부했지만, 그는 밖에서 놀았다.

I ______ hard, but he ______ outside.

3 분명 무슨 착오가 있을 거야. 그가 너도 초대했다니까.

There must be something wrong. He ______ you, too.

4 젊은 사람들은 노인들을 공경해야 한다.

______ young should respect ______ old.

5 그들은 음악을 들으며 바닥에 누워 있다.

They were ______ on the floor listening to music.

정답 1 loved 2 studied, played 3 invited 4 The, the 5 lying

퀴즈! 퀴즈!

1 I liv____ [d] here 3 years ago. 나는 3년 전에 여기 살았었다.

2 I need____ [id] your help, but you didn't help me. 너의 도움이 필요했는데, 안 도와주었지

3 He help____ [t] me a lot. 그가 나를 많이 도와 주었다.

4 We lov____ [d] you so much. 우리는 너를 정말로 사랑했단다.

5 I wait____ [id] for you for a long time. 나는 너를 오랫동안 기다렸다.

정답 1 ed 2 ed 3 ed 4 ed 5 ed

Unit 18

nd / nt는 [n]로

Raymond said he would give me a diamond ring.
뤠이몬 쌘 히 운 기브 미 어 다이아몬 륑.

발음 연습

nd/nt → [n] : 단어가 -nd로 끝나면 d는 생략하고 [n] 소리만 발음하며, -nt- 전후에 모음이 있을 경우 t소리는 사라지고 [n] 소리만 발음한다.

nd[n] 느	send 쎈	diamond 다이어몬	grandma 그랜마	sandwich 쌘위취	friends 프렌즈
nt[n] 느	center 쎄너	Internet 이너넷	counter 캬우너	twenty 트웨니	international 이너내셔널

대화로 톡톡

A Grandma! Raymond said he would give me a diamond ring.
그뤤마! 뤠이몬 쌘 히 운 기브 미 어 다이아몬 륑.

B O, my dear! You're just twenty.
오우, 마이 디어! 유어 줘스트 트웨니.

A Do you think I'm too young to get married?
두 유 띵크 아임 투우 영 투 겥 매리드?

B You're right. Think about your great future.
유어 롸잍. 띵커 바웉 유어 그뤠잍 퓨춰.

A 할머니! 레이몬드가 저에게 다이아몬드 반지를 주겠대요.
B 오, 이런. 너는 겨우 스무 살이잖니.
A 할머니는 제가 결혼하기에는 너무 어리다고 생각하세요?
B 그래. 너의 멋진 미래를 생각해보렴.

단어

would ~할 것이다
get married 결혼하다
joke 농담, 장난

단어 및 문법 설명

① give me a diamond ring

give는 〈~에게 ~을 주다〉로 4형식 문형의 수여동사이다. 간접목적어는 me(나에게)이고, 직접목적어는 a diamond ring(다이아몬드 반지를)이다.

② dear

놀람 · 곤혹 · 슬픔 · 동정 · 연민 · 경멸 등을 나타내어 〈아이구!, 어머나!, 저런!〉의 뜻이다. 또는 편지에서 〈친애하는, 사랑하는〉, 형용사로 〈값비싼〉의 뜻이다.

③ twenty

숫자 뒤에 〈years old〉를 생략해도 나이를 나타냄을 알 수 있다.

④ too young to get married

〈too ~to〉는 〈너무 ~해서 ~할 수 없다〉의 뜻으로 to에 부정의 의미가 내포되어 있다. too 다음에는 형용사가 오고, to 다음에는 동사가 온다. 〈too ~ to〉구문은 〈so ~ that ~ can't〉절로 바꾸어 쓸 수 있다.

You are too young to live alone.
= You are so young that you can't live alone.
너는 어려서 혼자 살 수 없다.

⑤ think about

~에 대해서 생각하다

문장으로 클릭클릭

샌드위치 하나 드릴까요?

Would you like a sandwich?
우쥬 라이커 쌘위취?

• 〈Would you ~?〉로 묻는 표현은 〈Will you ~?〉보다 공손한 표현이다.

너희들은 친한 친구들이겠구나.

You must be close friends.
유 머슽 비 클로스 프렌즈.

• close : 형용사(가까운)는 [s], 동사(닫다)는 [z] 발음을 한다.

가장 가까운 관광 안내소가 어디입니까?

Where is the nearest tourist information center?
웨어 이즈 더 니어리스트 투어리스트 인포메이션 쎄너?

• near–nearer–nearest, 최상급 앞에는 정관사 the를 붙인다.
• 주어는 the nearest information center이다.

그걸 인터넷으로 주문했다. – 그들은 나에게 그걸 곧 보내 줄 거야.

I ordered it on the Internet. –
아이 오더r딧 온 디 이너넽.

They'll send it to me soon.
데일 센 딧 투 미 쑤운.

• 정관사 the(더)는 다음에 오는 단어가 모음으로 시작하면 [디]로 발음한다.

바구니를 카운터 위에 놓아라.

Put the basket on the counter.
풑 더 배스킬 온 더 카운너.

• counter : 계산대, 판매대, 거꾸로의, 반대의
• counter clockwise : 시계 반대방향으로

국제적인 정보를 좀 더 수집해라.

You need to get some more international information.
유 니이 투 겔 썸 모어 인너내셔널 인포메이션.

• information(정보)은 추상명사이므로 셀 수가 없으므로 관사 an이나 복수어미 –s를 붙일 수 없고, 〈약간의, 좀〉의 some을 불가산명사 앞에 쓴다.

작문으로 쓱싹

1 이 차는 너무 뜨거워서 마실 수가 없다.

This tea is ________ hot ________ drink.

2 좀 생각해 보겠다.

I'll think ________ it.

3 가장 가까운 병원이 어디인가요?

Where is the ________ hospital?

4 과자 좀 드시겠어요?

Would you ________ some cookies?

5 그가 너의 가장 친한 친구인가 보구나.

He ________ be your best friend.

정답 1 too, to 2 about 3 nearest 4 like 5 must

퀴즈! 퀴즈!

1 Will you se___ me some flowers? [n] 나에게 꽃을 보내 주겠니?

2 The shopping ce___er is near from here. [n] 쇼핑 센터가 여기에서 가깝다.

3 How can I get on the I___ernet? [n] 인터넷에 어떻게 접속하지?

4 We're really good frie___s. [n] 우리는 정말 사이 좋은 친구들이다.

5 English is an i___ernational language. [n] 영어는 국제적인 언어이다.

정답 1 nd 2 nt 3 nt 4 nd 5 nt

Unit 19

모음+rt는 [r]로

Everybody has a portable phone these days.

에브뤼바리 해저 포r러블 f오운 디이즈 데이즈.

발음 연습

rt → [r] : rt 전후로 모음이 오고 앞 모음에 강세를 받을 경우 t소리가 대단히 약화되어 [r] 소리만 들리게 되는데, 이때 [r]는 영어 발음의 [r]라기 보다는 우리 말의 [ㄹ]과 유사한 발음이다.

rt[r] 러					
	party 파아r리	dirty 더어r리	forty 포r리	artist 아r리스트	comfortable 컴f오r러블
	supporter 써포러r	shorter 쇼오r러r	hurting 허r링	smarter 스마r러r	portable 포r러블

대화로 톡톡

A Everybody has a portable phone these days.
에브리바리 해저 포r러블 포운 디이즈 데이즈.

B It sure is. It's very comfortable,
잍 슈어리즈. 이츠 베리 컴f오r러블,

but sometimes it bothers me.
벋 썸타임즈 잍 바더r즈 미.

A I agree. And the problem is that it's not easy
아이 어그뤼. 앤 더 프라블럼 이즈 댈 이츠 낱 이지

to concentrate on your work.
투 컨센츄뤠이 톤 유어r 워어r크.

B Yeah! That's a big problem.
얘! 댈처 비 프라블럼.

A 요즘은 휴대 전화가 없는 사람이 없다니까.

B 정말 그래. 매우 편리하지만 방해될 때도 있더라고.

A 맞아. 게다가 문제는 일에 집중하기가 쉽지 않다는 거지.

B 그래. 그게 큰 문제지.

단어

portable 휴대할 수 있는
comfortable 편리한
bother 귀찮게 하다
concentrate 집중하다

단어 및 문법 설명

① these days

〈요즈음〉 = lately = recently

② sure

부사로 〈확실히〉, 형용사로는 〈확신하는〉

③ And the problem is that ~

〈문제는 ~라는 것이다.〉 2형식 문형의 구조(주어+동사+보어)로 that절 이하가 주어를 보충 설명하는 보어이다.

④ it's not easy to ~

it은 가주어이고 to 이하가 진주어이다. 즉 it은 to 이하를 말하는 동격관계로 해석하지 않으며, 이 문장의 실제 주어는 to 이하이다.

⑤ concentrate on

〈~에 집중하다, 전념하다〉, concentrate 다음에 전치사 on/upon이 온다.

⑥ That's ~

앞에서 언급한 문장의 일부(보어에 해당하는 접속사 that절 이하)를 받는 지시대명사이다.

문장으로 클릭클릭

우리는 깜짝 파티를 계획했다.

We planned a surprise party.
위 플랜더 써프라이즈 파아r리.

- 〈planned a〉의 d와 a가 연음이 되어 〈플랜더〉로 발음한다.

물이 더러워서 물고기는 이 강물에서 살 수 없다.

Fish can't live here in this river / because of the dirty water.
f이쉬 캐앤 리브 히어 인 디스 뤼버r 비코즈 어브 더 더어r리 워러r.

- because of 는 부사구로 〈~ 때문에〉의 뜻이고 이를 절(접속사+주어+동사)로 전환할 수가 있다.
  : ~because of the dirty water. = ~because the water is dirty.

그 예술가는 40살에 불과하지만, 그의 재능은 믿기 어려울 정도로 뛰어나다.

The artist is just forty, / but his talent is unbelievable.
디 아r리스트 이줘스트 포r리, 벋 히스 탤런트 이즈 언빌리이버블.

- talent : (천부적인) 재능, 재주, 인재
- unbelievable : 믿기 어려운, 믿을 수 없을 정도로 놀라운

그에게는 정신적인 지지자가 많이 있다.

He has a lot of moral supporters.
히 해저 라러 모랄 써포r러즈.

- moral supporter : 정신적인 지지(지원)

밤이 점점 짧아지고 있다.

Nights are getting shorter.
나잍츠 아r 게링 쇼오r러r.

- 〈get+형용사의 비교급〉 : 점점 더 ~해지다
  short- shorter- shortest

마이클이 두 사람 중에서 더 녹녹하다.

Michael is the smarter of the two.
마이클 이즈 더 스마r러r 어브 더 투.

- 비교급 앞에 정관사 the를 붙인 이유는 비교급 뒤에서 한정어구(of the two)의 수식을 받기 때문이다.

팔이 정말로 아프다.

My arms are really hurting.
마이 아r암즈 아r 뤼얼리 허r링.

- hurt : 신체, 명성, 감정 등을 상하게 하다, 다치게 하다

작문으로 쓱싹

1 믿을 수 없을 정도로 놀라운 이야기를 들었다.

I heard an ________ story.

2 요즈음 어떻게 지내세요?

How are you getting along ________ ________?

3 이것에 대해 확신하나요?

Are you ________ about this?

4 그는 일에 전념할 수가 없었다.

He couldn't concentrate ________ his work.

5 날이 점점 길어지고 있다.

Days are ________ longer.

정답 1 unbelievable 2 these days 3 sure 4 on 5 getting

퀴즈! 퀴즈!

1 Who is the sma__er of the two? [r] 둘 중에 누가 더 똑똑하지?

2 My father is sho__er than my brother. [r] 우리 아버지는 내 동생보다 작다.

3 He is a talented a__ist. [r] 그는 재능이 있는 예술가이다.

4 I have a nice po__able computer. [r] 나에게 멋진 휴대용 컴퓨터가 있다.

5 This sofa is very comfo__able. [r] 이 소파는 매우 편안하다.

정답 1 rt 2 rt 3 rt 4 rt 5 rt

Unit 20 qu는 [kw]로, que는 [k]로

I think it's quite grotesque.

아이 띵크 이츠 크와잇 그로우테슥.

발음 연습

qu → [kw], que → [k] : q 다음에는 항상 모음 u가 오고 그 다음에 다시 또 모음이 뒤따르며 qu의 발음은 [크위]로, que의 발음은 [크]로 한다.

qu[kw] 크위	question 크웨스천	quick 크윅	quiet 크와이엇	quit 크윗	quite 크와잇
que[k] 크	unique 유니크	antique 앤티크	baroque 버로욱	grotesque 그로우테슥	technique 테크니크

대화로 톡톡

A This artist's technique is excellent.
디스 아r리스츠 테크니크 이즈 엑설런.
What do you think?
와리유 띵크?

B I think it's quite grotesque.
아이 띵크 이츠 크와 잇 그로우테슥.

A Don't you think it's great?
돈 츄 띵크 이츠 그뤠잍?

B Well, I prefer baroque paintings.
웰, 아이 프리퍼r 버로욱 페인팅즈.

A 이 화가의 기법이 대단하군요. 어떻게 생각하세요?

B 제 생각엔 상당히 그로테스크한데요.

A 훌륭하다고 생각하지 않으세요?

B 저기, 저는 바로크 양식의 그림을 더 좋아해서요.

단어

technique 기법, 수법, 기술
grotesque 그로테스크 양식의, 기괴한
prefer ~을 더 좋아하다
baroque 바로크 양식의

단어 및 문법 설명

① What do you think?

상대의 의견을 묻는 표현이다.

② quite

부사로 〈꽤, 상당히〉의 뜻이다. quite는 관사가 뒤에 온다는 점에 주의한다.

She's a good girl. (그녀는 좋은 애야.), She's quite a good girl. (그녀는 상당히 좋은 애야.)

③ Don't you think ~?

〈~라고 생각하지 않는가?〉

이 주절 다음에 또 다른 절(it's great) 즉 종속절이 오는데 이를 복문이라고 하며, 절과 절을 연결해 주는 접속사 that이 생략되어 있다.

④ prefer

원래 이 문장은 〈I prefer baroque paintings to grotesque paintings.〉로 prefer 다음에 전치사 to를 수반한다.

I prefer coffee to tea. (나는 차보다 커피를 더 좋아해.)

I prefer reading to watching TV. (나는 TV보는 거 보다 독서를 더 좋아해.)

to는 전치사이므로 다음에 명사나 동명사를 쓴다. 이 때 주의해야 할 점은 〈prefer A to B〉 구문에서 A와 B의 단어 기능이 동일해야 한다는 점이다. 즉 A가 명사이면 B도 명사로, A가 동명사이면 반드시 B도 동명사를 써야 한다.

문장으로 클릭클릭

그건 별개의 문제이다

That's another question.
대츠 언아더r 크웨스천.

- another : 다른(different), 또 다른(one more)

그는 성질이 급하다.

He is quick-tempered.
히 이즈 크윅-템퍼r드.

- tempered : 성미, 기질이 ~한
- good/bad tempered : 성격이 좋은/나쁜

나는 그들에게 조용히 하라고 말했다.

I told them to be quiet.
아이 토울 뎀 투 비 크와이엍.

- 〈주어+동사+목적어+목적격보어-to 부정사〉의 5형식 문형이다.
본동사가 tell이므로 목적격 보어가 동사일 경우 반드시 to 부정사를 써야 한다.
본동사가 지각동사(see, watch, listen to, hear, feel)나 사역동사(have, let, make, help)가 올 경우에는 목적격보어로 동사의 원형을 써야 하지만, 이 외의 동사는 to부정사를 써야 한다.

담배와 술을 꼭 끊어야 합니다.

You must quit smoking and drinking.
유 머스트 크윝 스모우킹 앤 쥬링킹.

- quit-quit-quit의 불규칙변화를 보이며, 다음에는 동명사가 와야 한다.

이 세계에서 생존 전략을 배워야 한다.

You need to learn survival techniques / in this world.
유 니이투 러언 써r바이벌 테크니잌스 인 디스 워어얼드.

- survival technique : 살아남기 위한 기술, 전략

이 골동품 테이블은 상당히 독특하다.

This antique table is quite unique.
디스 앤티잌 테이블 이즈 크와잍 유니잌.

- antique : 고 미술의, 골동품 가치가 있는, 골동품
- unique : 독특한, 유례없는

작문으로 싹싹

1 그는 상당히 멋진 친구이다.

He's .... a nice friend.

2 그들은 내가 더 오래 머물기를 원했다.

They wanted me .... stay longer.

3 그녀는 성질이 몹시 고약하다.

She is very bad-............ .

4 너는 거짓말을 그만해야 해.

You got to quit .... lies.

5 그는 외출하는 거 보다 집에 있는 것을 더 좋아한다.

He .... staying at home .... going out.

정답 1 quite 2 to 3 tempered 4 telling 5 prefers, to

퀴즈! 퀴즈!

1 Unusually this street is ......iet today. [kw] — 웬일로 이 거리가 오늘 조용하다.

2 His painting techni...... is great. [k] — 그의 그림 기법은 훌륭하다.

3 We are looking for an anti...... lamp. [k] — 우리는 골동품 램프를 찾고 있어요.

4 She is ......ite a good dancer. [kw] — 그녀는 상당히 춤을 잘 춘다 .

5 Does anybody have a ......estion? [kw] — 누구 질문 있나요?

정답 1 qu 2 que 3 que 4 qu 5 qu

Unit 21 ex는 [eks] / [iks]로

That'll be exciting

대를 비 익싸이링.

발음 연습

ex → [eks] / [iks] : ex–에 강세가 있을 때에는 [eks] 즉 [엑쓰]로 발음하고, ex–에 강세가 없고 ex– 바로 다음 모음에 강세가 있을 때에는 [iks] 즉 [익쓰]로 발음한다.

ex[eks] 엑스	excellent 엑셀런	extra 엑쓰츄러	exercise 엑써싸이즈	expert 엑쓰퍼r트	exit 엑씰
ex[iks] 익스	except 익쎕트	excuse 익쓰큐즈	expensive 익쓰펜씨브	exciting 익싸이링	express 익쓰프래쓰

대화로 톡톡

A I have an extra ticket for the opera tonight.
아이 해번 엑쓰츄러 티킬 포 디 아뻐라 투나잍.
Do you want to go?
두 유 워너 고우?

B Sure. That'll be exciting.
슈어. 대를 비 익싸이링.

A I love this opera. One expert said that
아이 러브 디스 아뻐라. 원 엑쓰퍼r트 쎈 댙.
you could feel the poetry of music in this opera.
유 쿧 피이얼 더 포우이츄리 어브 뮤직 인 디스 아뻐라.

B Excellent. I can't wait to see it.
엑씰런. 아이 캐앤 웨잍 투 씨이 잍.

A 오늘밤 오페라 여분의 티켓이 하나 있는데. 가고 싶니?
B 물론이지. 재미있겠다.
A 난 이 오페라를 정말 좋아해. 한 전문가는 이 오페라에서 음악의 시를 느낄 수 있다고 했어.
B 멋지다. 어서 빨리 보고 싶어.

단어

extra 여분의
exciting 재미있는, 흥분시키는
expert 전문가
poetry 시

단어 및 문법 설명

① an extra ticket

extra가 모음으로 시작한 단어이므로 관사는 a가 아니라 an을 써야 한다.

② That'll

〈That will〉의 축약형이다. that의 t와 'll의 l이 결합하면 [r]소리로 발음한다.

③ One expert said ~ opera.

3형식문형(주어+동사+목적어)으로 that절 이하가 타동사 said의 목적어이다.
say-said-said의 변화에서 said의 발음은 [sed]로 i가 묵음이다.
say의 3인칭 단수 현재 says는 [sez]로 y가 묵음이다.

④ Excellent

형용사로 〈뛰어난, 우수한〉의 뜻으로, 응답으로 쓰인 경우에는 〈좋아, 잘했어〉, 그리고 일반적으로 구어체에서는 〈멋지군, 더할 나위 없군〉의 뜻이다.

⑤ I can't wait to see it.

기다릴 수가 없다는 뜻의 부정이 아니라 기다릴 수 없을 정도로 몹시 기대가 된다는 뜻의 긍정의 표현이다.

문장으로 클릭클릭

얼마나 자주 운동하세요?

How often do you exercise?
하우 오f은 두 유 엑써싸이즈?

• How often : 〈얼마나 자주〉, How often을 하나의 의문사로 간주한다.

2시에 지하철 출구 번호 3번에서 만나자.

Let's meet / at the subway exit number 3 / at 2.
레츠 미잍 앹 더 써브웨이 엑씰 넘버 쓰리 앹 투.

• exit : 건물이나 도로의 출구, 나가는 곳

실례합니다, 도와드릴까요?

Excuse me, / can I help you?
익스큐즈 미, 캔 아이 헬 퓨?

• excuse : 〈용서하다, 너그러이 봐주다, 변명, 해명〉

• Excuse me. (실례합니다)는 뒤에서 강세를 내려야 하고, Excuse me? (뭐라고 하셨죠?)는 뒤에서 강세를 올려야 한다. 강세에 따라서 의미가 달라진다는 점에 주의한다.

그 마트는 월요일만 빼고 문을 연다.

The mart is open / except on Monday.
더 마아r트 이즈 오우쁜 익쎕트 온 먼데이.

• except : 동사로는 〈~을 제외하다, 빼다〉, 전치사로는 〈~이외에는〉의 뜻이다.

서울의 집 값은 매우 비싸다.

Houses are very expensive / in Seoul.
하우지즈 아r 베리 익쓰펜시브 인 써울.

• Seoul : 강세를 받는 모음 전후에 s가 올 경우 [쓰] 발음을 한다.

축구 경기가 정말로 흥미진진했다.

The soccer game was really exciting.
더 싸커r 게임 워즈 뤼얼리 익싸이링

• 주어가 사물이면 -ing형 형용사를 쓰고, 주어가 사람이면 -ed형 형용사를 쓴다. It is boring. 그것은 지루하다. I am bored. 나는 지루하다.

네 생각을 분명하게 표현하겠니?

Will you express your ideas clearly?
윌 유 익쓰프뤠쓰 유어 아이디어즈 클리얼리?

• express : 동사로는 〈(생각, 의견을) 표현하다〉의 뜻이고, 부사로는 〈급행으로, 속달로〉의 뜻이다.

작문으로 싹싹

1 그거 재미있겠는데.

That sounds e __________ .

2 얼마나 자주 골프 치세요?

__________ __________ do you play golf?

3 뭐라구요? 잘 안 들리는데요.

__________ me? I can't hear you.

4 어서 빨리 너를 보고 싶다.

I can't __________ to see you.

5 일요일만 빼고 나는 출근한다.

I go to work __________ on Sunday.

정답 1 (e)xciting 2 How often 3 Excuse 4 wait 5 except

퀴즈! 퀴즈!

1 It's too ____[iks] pensive to buy it. 그것은 너무 비싸서 살 수 없다.

2 He is a computer ____[eks] pert. 그는 컴퓨터 전문가이다.

3 I'd like to take an ____[iks] press bus. 고속버스를 타고 싶은데요.

4 That's an ____[eks] cellent idea. 그것 훌륭한 아이디어다.

5 It was an ____[iks] citing game. 그것은 재미있는 게임이었다.

정답 1 ex 2 ex 3 ex 4 ex 5 ex

Unit 22

ex는 [igz]로

I'm exhausted because of the hard examination.

아임 이그조오스틴 비코즈 어브 더 하아r드 이그재머네이션.

발음 연습

ex → [igz] : ex-에 강세가 없고 ex-다음에 강모음이 올 경우 [igz]로 발음된다. [이그즈] 바로 다음에 강세가 오기 때문에 [z]소리가 강하게 들린다.

ex[igz] 이그즈				
example 이그잼플	exactly 이그잭틀리	exist 이그지스트	examination 이그재머테이션	exhibit 이그지빝
exotic 이그자틱	executive 이그제큐티브	exert 이그저r트	exhausted 이그조오스틴	exempt 이그젬트

대화로 톡톡

A I'm exhausted
아임 이그조오스틴
because of the hard examination.
비코즈 어브 더 하아r드 이그재머네이션.

B You look very tired. Now relax.
유 룩 베리 타이어드. 나우 뤼렉스.

A I think I need to sleep for a few days.
아이 띵크 아니 니이 투 슬리입 포러 퓨 데이즈.

B Exactly. Sleeping is the best way to relax.
이그잭틀리. 슬리핑 이즈 더 베스트 웨이 투 뤼렉스.

A 시험이 어려워서 기진맥진이 되었어요.
B 정말 피곤해 보인다. 이제 푹 쉬렴.
A 몇 일은 자야 될 것 같아요.
B 바로 그거야. 잠자는 게 휴식에는 최고지.

단어

exhausted 지친, 기진맥진한
look ~처럼 보인다
relax 푹 쉬다, 긴장을 풀다
exactly 정확히, 엄밀히

단어 및 문법 설명

① examination

줄여서 exam 이라고 흔히 쓰고, test 보다 형식적이고 공식적인 시험을 말한다.

② You look very tired.

look은 다음에 보어로 형용사를 써서 〈~처럼 보인다, ~일 것 같다〉의 뜻이다.

③ for a few days

〈a few〉는 〈약간의, 조금의〉의 뜻으로 셀 수 있는 명사 앞에 쓰이고, 〈a little〉은 셀 수 없는 명사 앞에 쓰인다. 관사 a가 없는 few와 little은 〈거의 없는〉의 뜻으로 부정을 의미한다.

I have few friends here.(나는 이곳에서 친구가 거의 없어.)

I have a few friends here.(나는 이곳에서 친구가 조금 있어.)

There is little sugar in the bowl. (볼에 설탕이 거의 없다.)

There is a little sugar in the bowl. (볼에 설탕이 조금 있다.)

④ Exactly

대답에서 yes대신 쓰는 말로 〈바로 그거야〉의 뜻이다.

문장으로 클릭클릭

저희에게 예를 하나 들어 주세요.

Please, give us an example.
플리즈, 기버스 언 이그잼플.
- for example : 예를 들어

신이 존재한다고 믿니?

Do you believe / God exists?
두 유 빌리이브 갇 이그지스츠?
- 주절(Do you believe)과 종속절(God exists)을 연결하는 접속사 that이 생략되었는데, that절이 타동사의 목적절이 될 경우에는 흔히 생략한다.

지난 달에 그의 그림을 전시했다.

He exhibited his paintings / last month.
히 이그지비릿 히스 페인팅즈 라아스 먼쓰.
- 과거를 나타내는 부사구 last month가 있으므로 반드시 과거시제를 쓴다. t와 자음 m이 연음이 되면 [t] 소리는 거의 들리지 않는다.

그녀는 항상 이국적인 옷을 입어.

She always wears exotic clothes.
쉬 올웨이즈 웨어r즈 이그조틱 클로우즈.
- 빈도부사는 일반동사 앞에 위치한다.
- exotic : 이국풍의, 별난, 색다른

그들은 신임 간부를 곧 임용할 것이다.

They are going to hire a new executive.
데이 아r 고잉 투 하이어 러 뉴 이그제큐티브.
- hire : 고용하다, 요금을 내고 빌리다
- executive : 형용사로는 〈행정상의, 실행상의〉의 뜻이고, 명사로는 〈행정부, 행정가, 경영 간부, 이사, 임원〉의 뜻이다.

성공하고 싶다면, 훨씬 더 열심히 노력해야 할 것이다.

If you want to succeed, / you'll have to exert yourself much harder.
이f 유 워너 썩시이드, 율 해브 투 이그저r트 유어셀f 머취 하아r더r.
- exert oneself : 열심히 노력하다, 분투하다
- 비교급을 강조하는 부사로는 much, still, a lot, far 등으로 〈한층, 훨씬〉의 뜻이다.

너는 군 복무를 면제받을 것이다.

You'll be exempted from military service.
율 비 이그젬프팃 f롬 밀리터리 써어r비스.
- exempt from : ~에서 면제하다
- be exempted는 수동태 구조이다.

작문으로 쏙쏙

1 너 매우 슬퍼 보이는데. 왜 그러니?

You __________ very sad. What's the matter?

2 그가 돌아오리라고 믿고 있니?

Do you __________ he will come back?

3 일이 힘들어서 완전히 지쳤다.

I'm __________ by hard work.

4 예를 들어, 젖은 손으로 그걸 만지지 마시오.

For __________, do not touch it with wet hands.

5 물병에 물이 거의 없다.

There is __________ water in the jar.

정답 1 look 2 believe 3 exhausted 4 example 5 little

퀴즈! 퀴즈!

1 When will you have an ____hibit? [igz] 언제 전시회를 가질 건가요?

2 He doesn't like ____otic plants. [igz] 그는 외래 식물을 좋아하지 않아.

3 The ____am will start from next week. [igz] 다음 주부터 시험이 시작될 것이다.

4 I don't believe ghosts ____ist. [igz] 나는 유령이 존재한다고 믿지 않는다.

5 I have some problems with the ____ecutive. [igz] 나는 그 이사와 문제가 좀 있다.

정답 1 ex 2 ex 3 ex 4 ex 5 ex

Unit 23 ck는 [k]로, kn는 [n]로

Nick kicked me on the knee.

닉 킥트 미 온 더 니이.

발음 연습

ck → [k], kn → [n] : ck는 k와 마찬가지로 [k] 소리가 나는데 우리말의 [크] 소리와 유사하고, n 앞의 k는 k가 소리 나지 않아서 [n]소리가 난다.

ck[k] 크	rock 롹	kick 킥	knuckle 너클	stock 스딱	black 블랙
kn[n] 느	knee 니	knit 닡	knock 낙	knight 나이트	knife 나이f

대화로 톡톡

A You were screaming. What's the matter?
유 워r 스끄뤼이밍. 와츠 더 매러r?

B Nick kicked me on the knee.
닉 킥트 미 온 더 니이

A You're a big brother. Be nice to him.
유어 러 빅 브라더r. 비 나이스 투 힘.

B It's not fair. I've done nothing wrong.
이츠 낱 f에어r. 아브 돈 나씽 롱.

A 비명 소리를 지르던데. 무슨 일이니?
B 닉이 제 무릎을 걷어 찼어요.
A 네가 형이잖니. 잘 좀 해 주렴.
B 이건 불공평해요. 전 잘못한 게 없다구요.

단어

scream 비명을 지르다
fair 공평한, 공정한
wrong 그른, 틀린

단어 및 문법 설명

① You were screaming.

〈be동사+~ing〉의 구조로 be 동사가 과거이므로 과거 진행형 시제이다. 동사 scream은 〈(두려움, 고통, 화로 인해) 비명을 지르다〉의 뜻이다.

② Nick kicked me on the knee.

kicked의 ed는 [t]소리가 난다.
〈kick+목적어+전치사+the+ 신체부위〉 : ~의 ~를 차다.

③ Be nice to him

동사의 원형이 문장의 맨 앞에 온 명령문이다. Don't 나 Never를 동사 앞에 써서 부정 명령문을 만든다.

④ It's not fair.

fair는 〈~에 대해 공평한, 공정한〉의 뜻이며, 반대어는 unfair로 부정 접두사 un-을 붙인다.

⑤ I've done nothing wrong.

〈I've done〉는 〈I have done〉의 줄임 말로 현재완료 구문이다. 부정(不定)대명사 nothing은 뒤에서 형용사(wrong)의 수식을 받는다. wrong의 w는 묵음이다.

문장으로 클릭클릭

네가 그 버릇 좀 버렸으면 좋겠다.

I wish / you could kick the habit.

아이 위슈 쿧 킥 더 해빝.

- I wish : 소망을 나타내는 가정법으로 보통 실현이 불가능한 소망을 의미하므로, I wish 다음에 가정법(could)을 쓴다. 가정법이란 현재에 있을 법하지 않은 사실을 가정하거나 그 반대를 상상하는 경우에 쓰인다.

나는 락 뮤직에 관심 있는데, 너는?

I'm interested in rock music. / How about you?

아임 인터뢔스티린 락 뮤직. 하우어 바우츄?

- be interested in : ~에 관심, 흥미가 있다
- rock : 바위, 전후 좌우로 흔들리다, 움직이다

손가락 관절이 부었다.

I have swollen knuckles.

아이 해브 스오울른 너클즈.

- swell(부어 오르다)-swelled-swollen
- knuckles : 손가락 관절

그녀가 그의 무릎을 걷어찼다.

She kicked him on the knee.

쉬 킥트 힘 온 더 니이.

우리 아버지의 스웨터를 짤 거야.

I'll knit a sweater for my father.

아일 니트 어 스웨러 fOr 마이 f아더r.

- knit : 짜다, 뜨다, 뜨개질을 하다

문에서 노크소리가 났다.

There was a knock / at the door.

데어 워저 낙 앹 더 도어r.

- 동사(was)와 주어(a knock)의 수를 단수로 일치시켜야 한다.

그는 주식으로 큰 돈을 벌었다.

He made a fortune / in the stock market.

히 메이러 f오춘 인 더 스딱 마r켙.

- fortune : 부, 재산, 거금
- make a fortune : 거액을 벌다
- stock : 재고품, 주식

작문으로 쓱싹

1 나는 공포 영화에 관심이 있어.

I'm interested ______ horror movies.

2 크리스마스라면 좋겠다.

I ______ it were Christmas.

3 최근에 당신의 전처를 본 적이 있나요?

Have you seen your ______ -wife lately?

4 그녀에게는 재산이 많다.

She has a large ______.

5 이 품목 재고 있나요?

Do you have this item in ______?

정답 1 in 2 wish 3 ex 4 fortune 5 stock

퀴즈! 퀴즈!

1 The ro___ is heavy. [k] 그 바위는 무겁다.

2 Be careful. The ___ife is very sharp. [n] 조심해. 칼이 매우 날카로워.

3 He hit his ___ee against the table. [n] 그는 테이블에 자기 무릎을 부딪혔다.

4 Before you enter the room, ___ock three times. [n] 들어가기 전에 문을 세 번 노크해라.

5 Don't ki___ the poor dog. [k] 그 불쌍한 개를 차지 마라.

정답 1 ck 2 kn 3 kn 4 kn 5 ck

Unit 24

wh는 [w]/[h]로

The whole town is whispering against you.

더 호울 타운 이즈 위스퍼링 어게인스 츄.

발음 연습

wh → [w]/[h] : wh-로 시작하는 단어는 w만 발음을 하는 경우와 h만 발음을 하는 경우가 있다. [w] 소리는 입술을 앞으로 내밀고 [우워]를 한숨에 발음하도록 하고, [h]는 혀를 입천장에 대지 않고 바람을 내 보내듯 [흐] 소리를 낸다.

wh[w] 우워	white 와잍	whisper 위스퍼r	what 왙	when 웬	whether 웨더r
wh[h] 흐	who 후	whose 후우즈	whom 후움	whole 호울	wholly 호울리

대화로 톡톡

A The whole town is whispering against you.
더 호울 타운 이즈 위스퍼링 어게인스 츄.

B I don't care what they say.
아이 도운 캐어 왙 데이 세이.

I've done nothing wrong.
아브 던 나씽 롱.

A I know. They are wholly mistaken.
아이 노우. 데이 아r 호울리 미스떼이큰.

B It is you who got to make my name white again.
이리즈 유 후 가러 메잌 마이 네임 와잍 어겐.

A 온 마을 사람들이 당신을 험담하고 있군요.
B 그들이 뭐라건 나는 개의치 않아요. 나쁜 짓 한 게 아무것도 없으니까요.
A 알고 있어요. 사람들이 전적으로 오해하고 있는 거죠.
B 당신이 바로 나의 오명을 씻어줘야 해요.

단어

whole 전부의, 모든
whisper 속삭이다, 험담하다
wholly 전적으로
mistaken 잘못 알고 있는

단어 및 문법 설명

① whisper against

비밀스럽게 뒤에서 몰래 수군대다, 중상, 험담하다

② I don't care what they say.

what은 선행사를 포함한 관계대명사로 〈~라는 것〉의 뜻이며 〈the thing that/which〉로 바꾸어 쓸 수 있다.

③ They are wholly mistaken.

be 동사와 과거분사 사이에 부사(wholly)가 위치한다.
wholly는 completely(완전히)와 같은 말이다.

④ It is you who ~

It is ~ that(who) 강조구문이다. 강조하고자 하는 말을 It is 바로 뒤에 위치시키며 뜻은 〈~하는 것은 바로 ~이다〉로 해석한다.

I met him there at 2. (나는 2시에 거기에서 그를 만났다.)

① him을 강조하고 싶은 경우, It was him that(whom) I met there at 2.
(내가 2시에 거기에서 만난 사람은 바로 그였다.)

② there를 강조하고 싶은 경우, It was there that(where) I met him at 2.
(내가 그를 2시에 만난 곳은 바로 그곳에서였다.)

③ I를 강조하고 싶은 경우, It was I that(who) met him there at 2.
(2시에 거기에서 그를 만난 사람은 바로 나였다.)

④ at 2를 강조하고 싶은 경우, It was at 2 that(when) I met him there.
(내가 그를 거기에서 만난 시간은 바로 2시였다.)

⑤ got to

〈got to〉는 〈have got to〉, 〈have to〉와 같은 의미로 구어체에서 많이 쓴다.

문장으로 클릭클릭

그가 올지 안 올지 궁금하군요.

I'm wondering / whether he will come or not.

아임 원더륑 웨더r 히 윌 컴 오어 낱.

- wonder : ~을 궁금히 여기다
- whether ~ or not : 〈~일지 아닐지〉의 뜻으로 if와 바꿔 쓸 수 있다.

내가 그를 찾아 갔을 때,
그는 낮잠을 자고 있었다.

When I visited him, / he was taking a nap.

웬 아이 비지릿 힘, 히 워즈 테이킹 어 냎.

- when은 시간(때)을 나타내는 접속사이다.
- take a nap : 낮잠 자다

나는 매우 정직한 아이를 알아.

I know the boy / who is very honest.

아이 노우 더 보이 후 이즈 베리 아니스트.

- who는 관계대명사 주격으로 선행사(관계대명사 앞에 오는 명사로 관계대명사절의 수식을 받음)가 사람일 때 쓴다. 관계대명사 who 다음에는 동사가 오고, 관계대명사 자체는 해석하지 않는다. 관계대명사 주격은 〈접속사+주어〉의 결합이다.

  I know the boy. And he is very honest.

나는 어머니가 배우인 아이를 알아.

I know the boy / whose mother is an actor.

아이 노우 더 보이 후즈 마더r 이전 액터r.

- whose는 관계대명사 소유격으로 다음에 명사가 온다. 관계대명사 소유격은 〈접속사+소유격〉의 결합이다.

  I know the boy. And his mother is an actor.

나는 네가 좋아하는 아이를 알아.

I know the boy / whom you like.

아이 노우 더 보이 훔 유 라잌.

- whom은 관계대명사 목적격으로 다음에 〈주어+동사〉가 온다. 관계대명사 목적격은 〈접속사+목적어〉의 결합이다.

  I know the boy. And you like him.

네가 무슨 말을 하는지 모르겠다.

I don't know / what you're saying.

아이 도운 노우 와 츄 세이잉.

- what은 선행사를 자체에 포함하고 있는 관계대명사이다. 〈the thing that/which〉로 바꾸어 쓸 수 있다.

  I don't know the thing that you say.

작문으로 쓱싹

1 네가 무엇을 하든 나는 신경 안 써.

I don't care .... you do.

2 내가 그녀를 만난 건 바로 어제였다.

.... was yesterday that I met her.

3 네가 행복한지 궁금해.

I'm .... if you are happy.

4 이 애가 이름이 줄리아인 소녀야.

This is the girl .... name is Julia.

5 이 애가 네가 파티에서 만난 애니?

Is this the boy .... you met at the party?

정답 1 what 2 It 3 wondering 4 whose 5 whom

퀴즈! 퀴즈!

1 She is wearing a ....ite dress. [우워] — 그녀는 하얀 드레스를 입고 있다.

2 The ....ole room was full of smoke. [흐] — 방이 온통 연기로 가득했다.

3 I saw them ....ispering. [우워] — 나는 그들이 속삭이는 것을 보았다.

4 ....o did you meet at the park? [흐] — 공원에서 누구를 만났니?

5 I'm not sure ....ether she is a spy. [우워] — 그녀가 스파이인지 확실하지 않아.

정답 1 wh 2 wh 3 wh 4 wh 5 wh

Unit 25 -ti(on) / -ci(-sion)는 [ʃ]로

I really appreciate it.

아이 뤼얼리 어프리쉬 에이릿.

발음 연습

-ti/-ci → [ʃ] : -ti와 -ci는 [쉬]로 발음하고, -tion와 -sion은 [션]으로 발음하며, 표기는 [ʃ]로 한다.

-ti/-tion[ʃ] 쉬/션	patient 페이션	mention 멘션	negotiate 니고우쉬에잍	relation 륄레이션	operation 아퍼뤠이션
-ci/-sion[ʃ] 쉬/션	appreciate 어프리쉬에잇	mansion 맨션	commercial 커머r셜	tension 텐션	session 쎄션

대화로 톡톡

A I heard the patient will have an operation tomorrow.
아이 허어r드 더 페이션 윌 해번 아페뤠이션 투마로우.

B Right. He's very serious.
롸잍. 히즈 베리 씨어뤼어스.

And I never sleep well the night before a big operation. It always makes me nervous.
아이 네버 슬립 웰 더 나잍 비f오어 어 빅 아퍼뤠이션. 잍 올웨이즈 메잌스 미 너r버스.

A Warm bath will help you ease the tension and make you sleep tight.
웜 배쓰 윌 헬 퓨 이이즈 더 텐션 앤 메이 큐 슬리입 타잍.

B That's a good idea. I really appreciate it.
대츠 어 굳 아이디어. 아이 뤼얼리 어프리쉬 에이릴.

A 그 환자 내일 수술한다면서요.
B 그래요. 아주 심각해요. 또 큰 수술 전 날 밤엔 도저히 잠을 이루지 못해요. 항상 긴장이 되어서요.
A 뜨거운 목욕을 하면 긴장을 풀게 하고 잠을 푹 자게 하는데 도움이 될 거에요.
B 좋은 생각이군요. 정말로 고마워요.

단어

patient 환자
operation 수술
nervous 긴장한
tension 긴장
tight 푹, 깊이
appreciate 감사히 여기다

단어 및 문법 설명

① patient

형용사로는 〈참을성 있는, 인내하는〉의 뜻이고, 명사로는 〈환자〉의 뜻이다.

② the night before

~하기 전날 밤

③ makes me nervous

〈동사+목적어+목적격보어-형용사〉로 5형식 구문이다.
nervous는 〈~을 앞두고 긴장한, 초조한〉의 뜻이다.

④ help you ease tension and make you sleep tight

help와 make는 5형식의 사역동사로 목적어(사람) 다음에 동사의 원형(ease, sleep)을 쓴다.
ease tension은 〈긴장을 완화시키다〉의 뜻이다.

⑤ appreciate it

~을 감사히(고맙게) 여기다. ~의 진가를 인정하다

문장으로 클릭클릭

그것에 대해서는 전혀 인급하지 않는 게 좋다.

You'd better not mention it at all.
유느 베러 낟 멘션 잇 애롤.

• mention : 동사로 〈~에 대해 언급하다〉, 명사로 〈언급, 진술〉의 뜻이다. 〈Thank you.〉에 대한 응답으로 〈Don't mention it.〉은 〈천만에요〉의 뜻이다.

오늘날 TV 광고는 매우 인상적이다.

TV commercials are very impressive today.

티비 커머셜즈 아r 베리 임프뤠씨브 투데이.

- commercial : 형용사로는 〈상업의, 상업적인〉의 뜻이고, 명사로는 〈광고 방송〉의 뜻이다. CF : commercial film(광고 방송용의 텔레비전 필름), impressive : 인상적인

한국과 중국의 관계가 호전되고 있다.

The relation between Korea and China / is getting better.

더 륄레이션 비튀인 코리아 앤 촤이나 이즈 게링 베러.

- 문장의 주어는 〈The relation between Korea and China〉로 단수이다.

연수가 현재 진행 중이다.

A training session is in progress.

어 츄레이닝 쎄션 이지인 프롸그뤠스.

- session : 회의, 학기, (의회, 회의가) 개정중임
- in progress : 진행 중인

그 배우는 호화 대 저택에서 산다.

The actor lives in a luxurious mansion.

디 액터r 리브즈 이너 럭쉬리어스 맨션.

- luxurious : 사치스러운
- mansion : 개인의 대 저택

  mansion과 mention의 발음은 모음의 미묘한 차이 외에는 거의 유사한 소리로 들린다.

우리는 지금 새 계약을 협상 중에 있다.

We're negotiating for a new contract / at the moment.

위어r 니고우쉬에이링 포 러 뉴 컨츄랙 앨 더 모우먼.

- negotiate : 협상, 교섭하다
- contract : 계약
- at the moment : 현재, 지금 이 순간

잠시만 참고 기다리세요.

Please be patient for a while.

플리즈 비이 페이션 포 러 와일.

- patient : 참을성 있는, 인내하는
- for a while : 잠시, 잠깐 동안

작문으로 쓱싹

1 이 수면제가 잠을 잘 자게 해줄 거야.

This sleeping pill will make you ______ well.

2 내일 면접 시험 때문에 정말로 긴장이 된다.

Tomorrow's interview makes me so ______.

3 감사합니다. – 천만에요.

Thank you. – Don't ______ it.

4 그는 잠시 동안 아무 말이 없었다.

He didn't say anything ______ ______ while.

5 지금 현재 어디에서 근무하세요?

Where are you working at the ______?

정답 1 sleep 2 nervous 3 mention 4 for a 5 moment

퀴즈! 퀴즈!

1 A pa___ent wants to see you. [쉬] 어떤 환자가 선생님을 보자고 하는데요.

2 I deeply appre___ate your kindness. [쉬] 당신의 친절에 진심으로 감사 드립니다.

3 He is under the opera___on. [션] 그는 지금 수술 중이야.

4 She is my distant rela___on. [션] 그녀는 먼 친척이다.

5 This man___on doesn't belong to me. [션] 이 저택은 내 소유가 아니다.

정답 1 ti 2 ci 3 ti 4 ti 5 si

Unit 26

-ture는 [tʃər]로

What does this gesture mean?

왓 더즈 디스 줴스춰r 미인?

발음 연습

-ture → [tʃər] : 단어가 -ture로 끝난 경우 t를 [츄]로 발음하고, -ture의 발음은 [춰r]로 한다.

ture [tʃər] 춰r				
nature 네이춰r	gesture 줴스춰r	adventure 어드벤춰r	mature 머츄어r	culture 컬춰r
picture 픽춰r	signature 씨그니춰r	departure 디파r춰r	future f휴춰r	structure 스트럭춰r

대화로 톡톡

A What does this gesture mean, Mr. Parker?
왙 더즈 디스 줴스춰r 미인, 미스터r 파r커r?

B It depends on the culture.
잍 디펜즈 온 더 컬춰r.

A How?
하우?

B It means 'I apologize' in India,
잍 미인즈 '아이 어팔러좌이즈' 인 인디어,

but 'I enjoyed your food' in Brazil.
벝 '아이 인죠이 쥬어 f우드' 인 브뤄질.

A 이 제스처는 무슨 뜻이에요, 파커 선생님?

B 그건 문화마다 다르단다.

A 어떻게요?

B 인도에서는 '사과합니다'의 뜻이지만, 브라질에서는 '잘 먹었습니다'의 뜻이란다.

단어

gesture 몸짓
depend 의지하다
culture 문화
apologize 사과하다

단어 및 문법 설명

① What does this gesture mean?

주어가 this gesture로 단수 현재이므로 의문문에서 does가 필요하다.

② depends on

~에 따라 다르다

③ It means

주어가 ~을 의미하다, 뜻하다

④ apologize

apologize for~ 〈~에 대해 사과하다, 빌다〉

⑤ enjoyed your

enjoyed의 [d]와 you가 연음이 되어 [쥬]로 소리가 난다.

⑥ in India

나라 이름 앞에서는 장소를 나타내는 전치사 in을 쓴다.

⑦ but

접속사 but 다음에 〈주어+동사〉가 생략되었는데, 그 이유는 앞 문장의 〈주어+동사〉가 똑같이 but 이하의 절에서도 반복되기 때문이다.

문장으로 클릭클릭

자연을 보호해야 할 때이다.

It's time to protect nature.
이츠 타임 투 프로텍트 네이춰r.

- protect : 보호하다
- nature : 자연, 성질, 천성, 본능
- It's time 〈~해야 할 시간이다〉의 뜻으로 다음에 가정법 구문이 오기도 한다.

  It's time (that) we protected nature.

너의 미래세계는 모험으로 가득 차 있다.

Your future world is full of adventures.
유어 f유춰r 워어r얼드 이즈 풀러브 어드벤춰r즈.

- be full of = be filled with : ~으로 가득 차 있다

스무 살은 성숙한 나이가 아니다.

Twenty is not a mature age.
트웨니 이즈 나러 머츄어r 에이쥐.

- mature : 성숙한, 완전히 자란, (심신 등이) 충분히 발달한

여기에 서명 좀 해 주시겠습니까?

Could you put your signature here?
쿠쥬 풋 유어 씨그니춰r 히어r?

- signature는 sign(서명하다)의 명사이다.

  Sign here, please. 여기에 서명하시오.

  유명인에게서 받는 싸인은 영어로 autography이다.

  Can I have your autography? (싸인 좀 해 주시겠어요.)

그가 나에게 자기의 그림을 보여주었다.

He showed his picture to me.
히 쇼우드 히즈 픽춰r 투 미.

- 4형식 문형에 쓰이는 수여동사는 3형식으로 전환할 수가 있는데, 이 때 간접목적어와 직접목적어의 위치가 바뀌고 간접목적어 앞에 전치사를 붙인다.

  He showed me his picture. (4형식)

  He showed his picture to me. (3형식)

출발일를 바꾸고 싶은데요.

I'd like to change my departure date.
아드 라익 투 췌인쥐 마이 디파r춰r 데잍

- depart(떠나다)의 명사로 〈출발, 떠남〉의 뜻이다.

작문으로 싹싹

1 저의 실수에 대해 사과 드립니다.

I apologize .... my mistake.

2 상황에 따라 다르다.

It .... on the situation.

3 어떻게 문법적 구조를 다 통달하셨나요?

.... did you master the grammatical structures?

4 너도 사실을 알아야 할 때이다.

It's .... you knew the fact.

5 나에게 네 반지 좀 보여줄래?

Will you show your ring .... me?

정답 1 for 2 depends 3 How 4 time 5 to

퀴즈! 퀴즈!

1 Habit is a second na...ure. [tʃ] 습관은 제 2의 천성이다.

2 I need your signa...ure. [tʃ] 당신의 서명이 필요하다.

3 He is painting his pic...ure. [tʃ] 그가 그림을 그리고 있다.

4 She is not ma...ure enough to understand this. [tʃ] 그 애는 이를 이해할 정도로 성숙하지 않다.

5 Our depar...ure was very sudden. [tʃ] 우리의 출발은 매우 갑작스러웠다.

정답 1 t 2 t 3 t 4 t 5 t

Unit 27

y는 [이-]로

I'm doing yoga every day.

아임 누잉 이요가 에브리 데이.

발음 연습

y → [이-] : y가 단어의 앞에 오거나 단어의 끝에 올 경우 [j] 소리 즉 우리말로는[이-] 소리를 길게 낸다.

y[y] 이-				
yes 이예스	yell 이옐	yoga 이요가	year 이이어r	yard 이야r드
rainy 뤠이니이	pretty 프뤼리이	funny f어니이	healthy 헬씨이	try 츄라이

대화로 톡톡

A Miss York! What is your hobby?
미쓰 요r크! 와리즈 유어 하비?

B I'm doing yoga every day.
아임 두잉 이요가 에브리 데이.

A That's why you look so healthy.
대츠 와이 유 룩 쏘 헬씨이.

B You can try. It's really wonderful.
유 큰 츄라이. 이츠 뤼얼리 원더f울.

A 요크양! 취미가 뭐예요?
B 매일 요가를 해요.
A 그래서 그렇게 건강해 보이는군요.
B 한번 해 보세요. 정말로 멋져요.

단어

hobby 취미
healthy 건강한

단어 및 문법 설명

① York

family name 또는 잉글랜드 북동부(Yorkshire)의 지명 이름이다.

② I'm doing yoga

〈do yoga〉는 〈요가를 하다〉의 뜻이다.

③ That's why

〈그래서, 그것이 ~한 이유이다〉의 뜻으로 〈That's the reason〉과 바꾸어 쓸 수 있는 표현이다. why는 관계부사로 이유를 나타내는데, 선행사 the reason과 관계부사 why와는 함께 쓰이지 못한다.

④ You can try.

try는 〈~을 해보다, 시도하다, 시도, 노력〉의 뜻이다.

문장으로 클릭클릭

무슨 특별한 아이디어라도 있나요? –

Do you have any special idea? –
두 유 해브 에니 스뻬셜 아이디어?

예, 있어요.

Yes, I do.
이예스, 아이 두.

• 의문사가 없는 의문문 〈Do you ~?〉에 대한 응답은 Yes/No로 해야 한다.

'귀' 라고 말했니, 아니면 '년도' 라고 말했니?

Did you say 'ear' or 'year'?
디쥬 세이 '이어r' 오어 '이이어r'?

• ear는[이어r]로, year는 [이이어r]로 발음을 해야 하는데, 혼동하기 쉬우니 y소리를 잘 들어야 한다.

그녀는 우리들에게 소리치곤 하였다.

She used to yell at us.
쉬 유스투 이옐 애러스.

• used to : 〈~하곤 했다〉의 뜻으로 과거의 습관적인 상태나 동작을 나타내며, 현재는 더 이상 그렇지 않다는 뜻을 내포하고 있다.

이제 앞 마당에서 놀아도 돼요?

Can I play in the front yard now?
캔 아이 플레이 인 더 f론 이야드 나우?

• yard : 뜰, (길이의 단위) 야드(약 91cm)

만일의 경우에 대비해서 저축을 해야 한다.

You need to save money / for a rainy day.
유 니이 투 쎄이브 머니 포러 뤠이니이 데이.

• rainy : 비오는, 우천의
• for a rainy day : 비 오는 날을 위하여, 만일의 경우에 대비해서

우리 모두 잘 지내고 있어.

We are all pretty well.
위 아r 올 프뤼리이 웰.

• pretty : 형용사로 〈예쁜〉의 뜻이고, 부사로 〈꽤, 제법〉의 뜻으로, very나 quite보다는 의미가 다소 약하다.

그는 매우 웃기는 사람이야.

He is a very funny guy.
히 이저 베리 f어니 가이.

• guy는 친한 사이에서 남녀 모두에게 쓰는 말로 man, fellow과 같은 뜻이고, 복수로 guys는 여러 사람들에게 말할 때에 쓴다.

작문으로 쓱싹

1 그래서 늦었어요.

That's .... I was late.

2 뭐라고 말씀하셨죠? 안 들렸어요.

What did you ....? I didn't hear you.

3 우리는 함께 춤추고 노래하곤 했다.

We .... sing and dance together.

4 안녕, 얘들아! 어떻게 지내니?

Hi, ...! How are you?

5 다음 번엔 더욱 열심히 할게.

I'll .... harder next time.

정답 1 why 2 say 3 used to 4 guys 5 try

퀴즈! 퀴즈!

1 Christmas comes once a ...ear. [이-] 크리스마스는 일년에 한 번 돌아온다.

2 My hobby is doing ...oga. [이-] 제 취미는 요가를 하는 것이에요.

3 The weather is cold and rain... . [이-] 날씨가 춥고 비가 많이 내린다.

4 How many ...ards do you need? [이-] 몇 야드나 필요하세요?

5 I'm prett... fine. [이-] 나 잘 지내.

정답 1 y 2 y 3 y 4 y 5 y

Aha! I see

발음부터 회화까지 쉽게 배우는

왕초보 영어

개정판

개 정 판 1쇄 발행 2010년 01월 09일
개정 2판 1쇄 발행 2026년 01월 25일

펴낸이 | 이규인
지은이 | 김복리
편 집 | 조슬기
디자인 | 조슬기

펴 낸 곳 | 예스북
출판등록 | 2005년 3월 21일 제320-2005-25호
주 소 | 서울시 영등포구 문래북로116 9층 903호(문래동3가 트리플렉스)
전 화 | (02) 337-3054
팩 스 | (02) 326-3218
E-mail | changbook1@hanmail.net
홈페이지 | www.e-yesbook.co.kr

ISBN 978-89-92197-02-1 (13740)
정 가 18,000원